地球隠れ宮《幣立神宮》セッション

【祈り祀《まつ》る】この国の形

世界に《ここだけ》のものを伝え残していくために

矢作直樹
（東京大学医学部教授）

春木伸哉
（幣立神宮宮司）

ヒカルランド

日本では「古事記」や「日本書紀」のような
記録だけではない。
それ以前からある「ホツマ」のような、
公には認められていないが、
おそらく真実としては
正しいところもあるだろうというものもあります。

「ひふみ祝詞《のりと》」を
ある霊能者に解釈していただいた。
最初から最後まで感謝でした。
お祭りは、神代のころから不変。
ただ洗練されてきているだけです。
豊穣の恵みに感謝をすることを
祭りというのです。

「魂」という永続する個性のほうが、
肉体よりも大切です。
現代の日本人は、
それを目に見えないからと唯物論的に否定して、
忘れてしまっている。
イギリスでは、
エネルギーヒーリングが公にも認められている。
神道では祝詞の形として
連綿と引き継がれています。

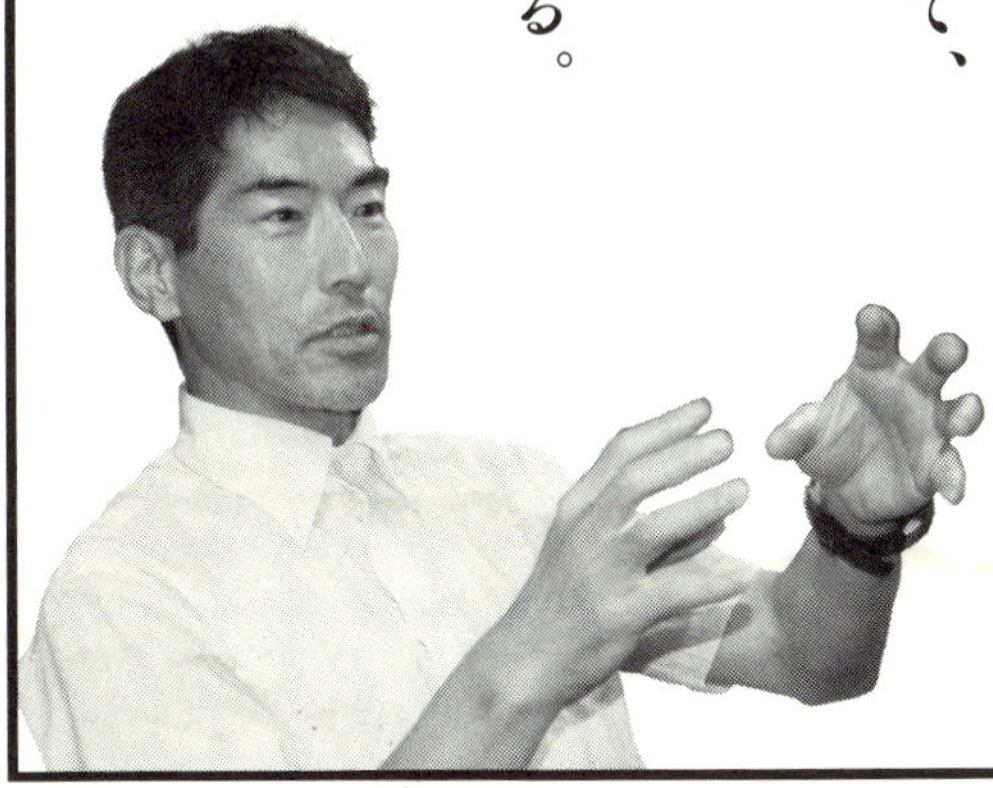

魂とは、日本人的な国民道徳。
それは江戸時代では武士道、
明治時代は教育勅語でした。
道徳性が豊かな人ほど生活も豊かになる。

徳は得なり。そして健康の源泉です。
清く明るく正直に。
清明心というのが神道の大原則です。
そのために自分自身を訓練して、
神様と向き合っていく。
教義がないので、
神官の数だけ神道があります。

宮司のお話を聞いて、
ここが太古から祈りの場所に
なっている理由がよく分かりました。
縁を求めてやってこられた
世界の宗教関係の方々を
みな受け容れている姿にも感心しました。

過去の戦争もその時代の
人間の意識レベルの反映ですから、
それを現在の目で判断して
善悪是非を論じるのは
無意味です。

天皇家は権力でなくて徳をもって国を治めていた。
「ことよさせまつりき」は、命令ではなくご依頼です。
天皇は「皆が幸せであることを希望する」だけでいい。
その思いを忖度《そんたく》して形にするのが私たちの役割です。

天皇は、高天原《たかあまはら》とつながり、
その意識を国民と共有しようとされた。
天皇の巫女《みこ》たちは、俗事を引き受けていた。
そうした日本の伝統的な霊的仕組みを、
明治政府が崩してしまいました。
それが今も大きく影響しています。

このお宮で
お祈りしていると、
不思議と何千年前かにつながります。
天孫降臨の伝承は、
ここ幣立神宮から始まりました。
ここに暮らしているから、
地理的に説明できました。
日々の祀りを通じて得た感覚を
お話ししていきたい。

1万5000年の歴史を持つ世界で最も古い神社、幣立神宮。
ここに伝わる神話は事実としての歴史であり、神話になる以前の天照大神を
お祀りしている。天孫降臨は、ここから始まった……。

幣立神宮の由緒

高天原神話発祥の神宮である。

悠久の太古、地球上で人類が生物の王者に着いたとき、この人類が仲良くならないと宇宙全体にヒビが入ることになる。これを天の神様がご心配になって、幣立神宮へ火の玉に移ってご降臨になり、その所に芽生えた万世一系のヒノキ（日の木・霊の木）にご降臨の神霊がお留まりになった。これがカムロギ・カムロミの命という神様で、この二柱を祀ったのが日の宮・幣立神宮である。大祓の言葉にある、高天原に神留りますカムロギ・カムロミの命という言霊（ことだま）の、根本の聖なる神宮である。通称、高天原・日の宮と呼称し、筑紫の屋根の伝承がある。神殿に落ちる雨は東と西の海に分水して地球を包むという、分水嶺である。

旧暦11月8日は、天照大御神が天の岩戸籠りの御神業を終えられ、日の宮・幣立神宮へご帰還になり、幣立皇大神にご帰還の報告が行われた日で、この後御神徳大いに照り輝かれた。よって、この天照大御神の和御霊《にぎみたま》は、この高天原・日の宮の天神木にお留まりいただくという、御霊鎮めの御祭り、「巻天神祭」を行う。しめ縄を天神木に引き廻らしてお鎮まりいただく太古から続く祭りである。

太古の神々（人類の祖先）は、大自然の生命と調和する聖地としてここに集い、天地・万物の和合なす生命の源として、祈りの基を定められた。これを物語る伝統が「五色神祭」である。この祭りは、地球全人類の各々の祖神（赤、白、黄、黒、青人）がここに集い、御霊の和合をはかる儀式を行ったという伝承に基づく神事である。これは、五大人種が互いに認め合い助け合う和合の世界を建設するという、世界平和の宿願の啓示である。幣立神宮の古代的真実、理念の実現こそ、今日の全地球的願望であり、これからの人類文明への厳粛なるメッセージである。五色神祭は8月23日、5年ごとに大祭、その間4年は小祭が行われる。（鎮座地　熊本県上益城郡山都町大野712）

主祭神

神漏岐命・神漏美命（宇宙からご降臨の神）……この神名を神代文字では（アソヒノオホカミ）と表している。

大宇宙大和神（オオトノチノオオカミ・神代七代の初代）

天御中主大神（アメノミナカヌシノオオカミ・天神七代の初代）

天照大神（アマテラスオオミカミ。地神五代の初代）

その他、東西の御末社と、御手洗の水神社がある。

はじめに

高千穂の近くにある、我が国最古と言われる神社幣立神宮にいつか一度伺ってみたいものだと常々思っていました。そうしたところ、高島敏子さん、小暮周吾さんから春木宮司さんとの対談の企画をいただきました。本当に不思議なご縁だと驚きました。

春木宮司さんのことを知ったのは、宮司さんと水の研究家江本勝さんとの対談によってでした。その中で、神社界とは一線を画した立ち位置でのご発言にとても興味を惹《ひ》かれました。特に、歴史ある幣立神宮での長きにわたるご経験からくる鋭い考察には目を見張らせられました。

さて、幣立神宮がなぜ古くから祈りの場所になったか、それは神宮の周りが全部湧水地帯で、たび重なる阿蘇山の噴火でも神宮の近辺だけ降灰の影響を受けなかったからと推測されています。また、このおかげで籾《もみ》が温存されたと推定され、しかも『日向国風土記《ひゅうがくにのふどき》』の中に高千穂《たかちほ》に天孫降臨された瓊瓊杵尊《ニニギノミコト》が生活に困窮した人たちに請われて種籾を持っていったら世の中が明るくなった、という文があることから、高千穂から数日間で行動できる範囲より幣立神宮の神域以外に考えられないと結論されています。やはり神宮での生活による現場感からの慧眼《けいがん》には感心させられました。

また、宮司さんがこの幣立神宮でお勤めされながら、縁を求めてやってこられた世界の様々な宗教関係の方々を皆受け容れてご一緒に活動されている事実に、すべてを受け容れる神道の実践を強く感じさせられました。

翻《ひるがえ》って、私たちもこの神道すなわち日本神界の神々のお考えを伝えられ、それを共有させていただいて生きているということを改めて実感させられます。我が国では今はもう十分な道徳教育をされていませんが、それでもこの神道的感性を皆が持っていると思われます。そしてこの感性をもっていられるのは、日本人が、八百万《やおよろず》の神々を祀《まつ》られていらっしゃる天皇陛下をいただいてこの国の歴史を紡《つむ》いできたことと結びついているのではないかと思います。

この本は、春木宮司さんという人生の大先輩に若輩者の私がいろいろ伺うということで普通の〝対談〟のように〝対《つい》〟ではないことをあらかじめお断りさせていただきます。

幣立神宮という特別な存在の神社で長らく神々にお使えしてこられた春木宮司さんの、わが国の本当の形に対する地に足がついた明快なお考えを、読者の皆様も一緒に味わっていただけたら私の望外の喜びです。

矢作直樹

【祈り祀《まつ》る】この国の形　目次

第三章　霊魂の永続性を考えねば病を癒すことはできない

第四章 「アセエホレケ」ともに集い祈り、額に汗して働こう！

第五章　世のため、人のため、先祖の魂に喜んでいただく

装丁　櫻井浩＋三瓶可南子（⑥Design）
カバーフォト　三木光／アフロ（千葉県麻賀多神社の大杉、御神木）
校正　エッグ舎
編集協力　高島敏子、宮田速記
写真協力　中谷航太郎
本文仮名書体　文麗仮名（キャップス）

第一章

天皇陛下の御心を忘れてしまった戦後の日本人

天皇にお仕えする気持ちがないと、天皇の本質は見えてこない——ミ＝肉体、コト＝魂

春木　矢作先生の本『天皇』（扶桑社）を読んで、天皇の臣下として書かれたものだと思いました。臣下でないと出てこない言葉がたくさんあるんです。天皇に対して対等の立場で書いてないんですね。

矢作　おっしゃる通りです。

春木　最初の手術をされるときの天皇に対するお気遣いがすばらしかった。この本はいいと思いました。あの中に全体が表れています。

矢作　恐れ入ります。

春木　天皇に対するときに、天皇を客観的に見ようとする今の社会があるのです。

でも、それでは、本当の姿が見えません。天皇にお仕えする気持ちで見ないと本当のお姿が目に入らないのです。お仕えする心があってこそ天皇と向き合えるのです。

天皇は戦後、人間宣言されたというけれど、もともと自分自身がきちんと人として人と向き合っておられました。ただ、向き合い方が神なんです。そういう姿に、私たちの先祖は神として特別に向き合ってきたのです。

古典では、私たちの祖先は人の命を非常に大切にしていました。だから人を呼ぶときには「ミコト」と呼んでいます。ミコトというのは、文字では「命」とか「尊」と書いたんです。人に対する尊敬がないと使えない言葉です。

「ミ」というのは肉体、「コト」というのは魂です。人は尊い存在であるというのが、私たちの祖先からの教えなんです。ですから、人を尊んで国づくりに励んでおいでになりました。

命を大切にする例として、スサノオノミコトが八岐大蛇《やまたのおろち》を退治する話がありましす。これは悪いことをする八岐大蛇を退治されたんです。そして、八岐大蛇の命は非常に大切にされました。だから尻尾から剣《つるぎ》を出して、八岐大蛇の命を永遠に伝えていくためにそれを皇室の守り刀にされた。これが三種の神器の一つです。悪いことをする側面の八岐大蛇が退治されたんです。「退治」というのは退《しりぞ》けて治《おさ》めると書きます。だから切り殺したのではないんです。そういうのを曲げて解釈するから本質を見誤るのです。それは私たちの祖先が私たちに残してくれた、一つの命に対する向き合い方のような気がします。

先生の『人は死なない』（バジリコ）は、多分、そういう意味があるのかなと理解しています。

矢作　そうです。

春木　勝手な理解ですけれど、そういうことを考えながらあの本を読ませていただきました。

春木氏が学校教員から宮司になったきっかけ
——童心をもって子どもと遊ぶ

矢作　先生は長いこと教員をされていて、こう言ってはなんですけれど、だいぶ年を取ってから宮司さんになられていますよね。ご先代のこともいろいろ書かれていて、興味深く拝見させていただいたのですが、実際にお若いころから、先代様の影響を随分受けられたんですか。

春木　私は養子なんです。私はそんなに志の高い人間ではなくて、うちの家内にほれて来たんです（笑）。その結果が今の姿です。神様のことは全くわからないところから出発しました。わからなかったからよかったと思うんです。神道や古事記等について一切勉強してなくて、ただ教師にあこがれて進んでいきました。

中でも小学校の六年生の担任、中三の担任、高三の担任に恵まれ、人生の一つのモデルになりました。教員というのはおもしろいんです。要するに、日常が遊びみたいなものなんです。学校の教室では、遊べない先生は子どもから嫌われます。この教職が神職の家との出会いになりました。

矢作　そうですよね。童心で一緒の目線を持つことが大切ですよね。

春木　毎日が遊びと一緒だから楽しいんです。

矢作　究極、江戸時代に子どもと遊ぶことが好きだったお坊さんの良寛さんみたいな感じですね。

春木　しかし、わがままだったですね。きのうも教え子の女の子が来て、「覚えていますか」と声をかけられました。30年以上も前の生徒です。名前を聞いて思い出しましたが、「昔、先生からたたかれました」と言っていました（笑）。その人は今、47歳とか。

矢作　ちょうど50年ぐらい先生をされていたんですよね。

春木　全部で40年です。20歳から始めて60歳まで。以前は、熊本大学の教育学部は2年課程がありました。学校の教師が足りませんので、2年間で教師に出していました。そこを出て小学校、中学校で教師をさせていただきました。25歳で結婚しました。お宮のこととか余りにもわからないものだから、先代宮司もイライラしていました（笑）。毎日、2時間ぐらい教育を受けました。食事の時間から先代の宮司の体験を話してくれました。それが私のもとになっています。

いろいろなことを考えるときの基礎といいますか、学問で考えたのではないから、古典を読むときもほかの人と読み方が違うわけです。専門的学問から始めると、過去の積み上げに影響を受けるんです。常識が前提になります。

私は歴史とか文学とかそういう方向から入らなかったので、常識や定説にとらわれないで、自由に発想できました。

教科は数学でした。小学校、中学校で楽しい日々をいただきました。

特に中学校に勤めているときは、部活動の指導とかで、家に帰るのが毎日8時ぐらいでした。8時ぐらいから食事を始めて、父の話を聞きました。それが今の私の基礎です。とにかく跡継ぎにしないといけませんので、昔の人が、例えば剣道とかの道場で子どもをむちゃくちゃに鍛えたのが私はわかるんです。要するに、跡継ぎにするためには人並みではいけませんから、真剣に鍛えてくれました。

矢作氏が本を書いたわけ
——「生死」を考えられなくなった戦後の日本人

矢作　いきなりで恐縮なんですけれども、不肖私が本を書いた理由というのは、医療現場で私はもうすぐ35年になるんですけれども、かつての患者さん、つまり明治生まれ、大正生まれの患者さんと今の患者さんとでは全く違ってきたからです。

なぜかというと、天皇御自身が祀ってこられた日本神界の神々のかわりに天皇を神格化したことで本来の敬神の意識がうすれ、さらに敗戦後ＧＨＱが毒を流し込んで、精神を壊してきたからだと思います。その中で日本人が、自分のこともそうですし、あるいは命のこともわからなくなって、一言で言うと、生死《しょうじ》というのを受け入れられなくなったことによる気の毒な感じがあるのです。何とかもう一回過去の日本を思い出してもらって、幸せになってほしいという気持ちで書いたんです。

ＧＨＱがやった中で一番ひどかったことは、神道指令と、もう一つは教育だと思うんです。日本の国体をもう一度子どもたちにどうやって伝えていくか。自分としてはなかなかまだいい解答が見つからなくて、それで細々と本を書き出したわけなんです。

実際に学校で子どもたちに触れていて、その辺に関する突破口というか、正道というか王道はありますでしょうか。

立身出世（＝人の役に立つこと）を否定した戦後の学校教育は大きく間違っている

春木　神主も神社を守るだけで大変なところがたくさんあります。学校教員などもたくさんいます。神主で学校の教員の経験者の会というのが全国にあるんです。そこで体験談を持ち寄るんですが、これといって子どもの現状を変えていく解決策はなかなか見つからないのです。なぜかというと、徹頭徹尾、「私」ということが一番の価値になっているからです。そして私の得になるか損になるかということが、いつも判断の基準になっています。

　ことしの勉強会で一番話題になったのは、今の日本人は自己否定から物を考える癖がついていることでした。自分を肯定できる教育内容にしていかないと、国家的に本当に活動できる人は育たないのではないでしょうか。

先年、長崎で高校生が同級生を殺すという痛ましい事件がありました。なぜああいうことが起きてしまうのでしょうか。テレビ会見で長崎の教育委員会の話を聞くと、命を大切にする教育をしていますと言っていました。具体的には、私の教育現場の体験から、たぶん戦争のときの軍人さんの負の体験を学んだり、原爆の話を聞いたり、苦しみや負の話をたくさん詰め込んでいるのだと思います。そんなことを、いくら聞いても命を大切にする人間に育てることに結びつくとは考えにくいのです。なぜかというと、そういうつらいことをいくら知識として重ねて先人に対して不信と不快を覚えても、人を大切にする心が育まれるとは思えません。

「命を大切にする」というのは、言葉としてはもっともなことですが、子どもが成長する過程でどんな経験をしたらよいか、今一度検討する必要があるようです。小さいころは、金太郎さんや桃太郎さんのような勇気とやさしさをもった、そこはかとなく温かさに包まれる物語に心が弾みますよね。

ヤマタノオロチ（月岡芳年画）

『金時山の月』月岡芳年画

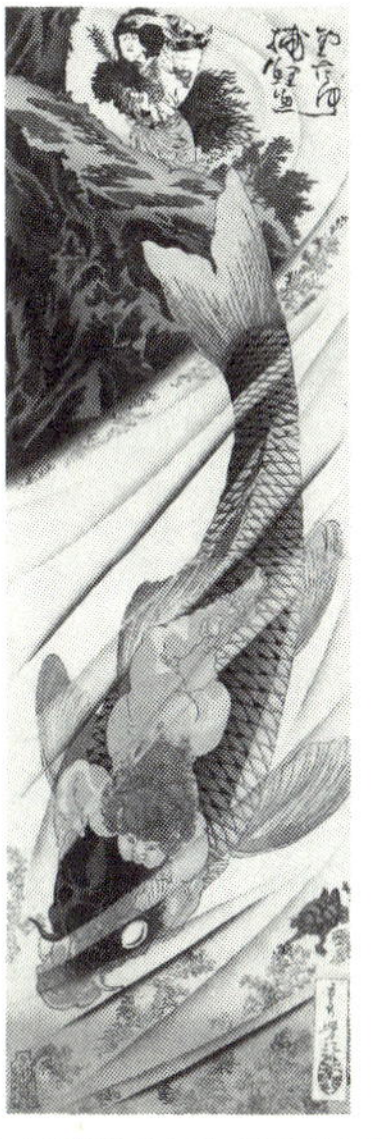

『金太郎捕鯉魚図』月岡芳年画

戦後、GHQによって潰された日本神話や伝承には、今尊い教えが含まれていた。

中・高学年に至っては、例えばエルトゥールル号事件を教えてあげたい。

明治23年6月、オスマン・トルコの軍艦エルトゥールル号が、650人の親善使節団を乗せ横浜港に到着した。トルコは日本との友好を強く希《のぞ》み、1年余りの苦難の末日本に到着し、国をあげて歓迎し、9月帰国の途についた。ところが神戸に向かう途中台風にあい、和歌山県串本町大島の近くで沈没してしまった。587人が犠牲となった。大島の人たちは救助しようと献身的に働いた。男たちは海で遭難者を探し、手厚い看護をし、食事の世話では持てるものを全て出して世話をした。

これを新聞で報じると全国から2500万円相当の義援金が集まり、元気に帰国していった。

これから95年後、イラン・イラク戦争のとき、全ての外国人が48時間以内の帰国を迫られた。日本のみはパイロットの協力を得られず、迎えの飛行機を飛ばすことができなかった。しかし、時間切れを目前にして2機の飛行機がやってきて日本人を救出した。それは、トルコが派遣した特別機だった。明治の人の真心と献身への恩返しであった。

こんな話が子どもの心を揺さぶるのではないでしょうか。私たちの祖先に対する尊敬こそ命を大切にする教育と言えるのではないでしょうか。

また図書館の本も気になります。ほとんど西洋の翻訳本、例えば小公女やシンデレラのような神様による奇跡に感動するものが多い。桃太郎や金太郎の話は、忘れられています。努力によって自己実現したり、世の中に役に立った物語が見当たらないように思います。

矢作　結局、日本を頑張らせないようにするということですよね。

春木　そうです。立身出世というのは、世のために役に立つ人間になることなんです。自己実現の大切な側面なのです。

矢作　まさに生まれてきた理由そのものですよね。

春木　立身出世は戦後、ＧＨＱによってめちゃくちゃに否定されたんです。『蛍の光』の歌も嫌うんです。『あおげば尊し』も、「身をたて、名をあげ」という言葉を排除するようになるんです。ところがみんな、身を立て、名を上げたいんです。身を立てることは、世の中のために役に立ち、家族を守ることの第一歩です。世のため、人のため、家族のためです。

矢作　それはみんな人のためですものね。

春木　そうです。役に立つということはどういうことかというと、私たちが日々の一つひとつの仕事をこなしていくことです。学校教育の中で、役に立つということを前提にしてないんです。自分が幸せになるということを前提にしているのです。ここが問題の原因になっていると思っています。

役に立てば幸せになるんです。だから今、祝詞《のりと》の最後に必ず「世のため人のために尽くさしめたまえ」ということを入れるようにしています。

矢作　現場としてもやっぱり大変ということですね。

けんかしないで少しずつ中身を変えていく
——天武天皇の知恵に学ぶ

矢作　これは公にしていいのかどうかちょっとわからないんですけれど、神社本庁のトップだったある方（Aさん）とお話ししたときに、神社側にもちょっと問題があると。つまり、神社本庁にはいまだに国家神道の思想的な影響がかなり強く残っているようで、Aさんもそれはよくないというご認識でした。本来の古神《こしん》道《とう》的なところに戻れたら一番いいというお考えを承《うけたまわ》ったんですけれども、私もそう思っているんです。

春木　そういうのを壊すのはなかなか難しいんです。既得権益があるから。

矢作　そこなんですよね。

春木　既得権益を壊すには、自分が壊れるつもりで戦わなければなりません。最初に既得権益を壊そうとしたのは聖徳太子です。聖徳太子のときは何とかおさまったけれど、子どもさんは皆殺しになりました。既得権益と戦うというのはそういうものなんですね。

矢作　ただ日本が、本来の我々の神聖というか、心の中にある神道的な考えをもう一度復興させるには、そういう手あかのついたところを外さないと、アレルギーとは言わないですけれど、素直に入りにくいところがありますよね。

春木　今から20年ほど前、一組の男女が訪ねてこられました。一人は僧侶で、女性はモンブランで８００ｍ下に滑落したそうです。生還されたのですが身体がボロボロになって、これを治療するために様々な勉強の結果、健康医学を究められました。5年間、神宮の境内の一角で修行なさいましたが、この2人の生き方に激しく影響を受けました。僧侶は組織に属さず人間国家論をとなえ、命がけで社会や国のため活躍なさっていました。

ところが大方の人は、組織の中で出世することが目的になっているから、みんな小さくなっていくんです。人間というのはやはり組織の中では高い地位がほしいのですよね。組織の中で少しでも名誉な、いい立場になりたいという人が多いから、既得権が壊れにくいんです。

既得権と新しいものと、２つを上手に使いながら伸ばしていく必要があります。例えば、天武天皇（位６７３〜６８６年）が式年遷宮を決められたとき、本来、国としては神社が本当だけど、そのころは仏教一色ですから、仏教の既得権を潰したら天皇も潰れます。だから天武天皇は、伊勢神宮の式年遷宮とお寺と両方を大事にされました。これが日本の今の文化になるわけです。既得権を壊すのはまず無理だから、私たちも既得権には手をかけない。

矢作　国家神道的なことはおくびにも出さずに、古神道的なことを表に出してということですね。

春木　そういう神主がだんだんふえています。任せるところは任せていかないといけません。改革のために意見を出すときは、個人で出しても相手にされません。やはり組織が必要です。しかし、これでは戦いになります。できれば戦わずに少しずつ……。

矢作 言葉は悪いけれど、だましだましやっていけばいいということですね。

春木 そうです。今の神社本庁のリーダーたちは、多分そういうのを考えておいでになると思います。あの人たちは優秀なんですよ。

矢作 例になるのかどうかわからないけれど、本来、神道の組織のトップになる人は、一つは三重県の皇學館《こうがくかん》ですよね。ところが三重県というのは、日教組の組織率が全国でも高く、ある意味では余りよろしくない教育がなされています。お膝元でもあんな調子だし、実際はなかなか厳しいものなのかなと、見ていてちょっと思ったんですけれど。

春木 平成26年の夏、勉強会に講師に来ていただいた皇學館の先生が、伊勢市内の学校から講演を頼まれたそうです。そのときに、今のような人間形成について思想的なことに触れないで、人が生き生きとするためにはどういう教育をしたらいいかという話をしたら、日教組の先生たちもありがとうございましたと来られたそうです。日教組のこれがいかぬとか言って戦うと、けんかになります。私たちは組織とすぐにけんかしようとしますが、あれは勝ち目がないですね。やはり内容で、少しずつ中身を変えていくというのが私は一番の戦い方だと思います。

矢作　「北風と太陽」の太陽になっていけばいいわけですね。少しずつ剝がしていく。

春木　そうです。天武天皇がそうされたんだから。「日本書紀」を読むとおもしろいですよね。その時代のいろいろなものが出てきます。天皇も非常に苦しみながら変えていかれるんです。

日本で式年遷宮が始まったころ、イギリスはまだ建国されていなかった

矢作　式年遷宮も天武天皇がお定めになったけれど、結局、実際になされたのは

次の持統天皇（645～703年）のときですよね。

春木　でき上がるまでに亡くなって、第1回の式年遷宮は持統天皇の4年、690年ですね。今からおよそ1300年前になりますね。

皆さんによくお宮で尋ねるんです。「式年遷宮が始まったころ、イギリスはどんな国だったでしょう」と質問すると、ほとんどわからないのです。世界史を学んだ人たちでもわが国の歴史と結び付いてない、切り取った知識になっているような気がしています。当時、今のイギリスという国はまだ建国されていませんと言うと驚かれる人が多いのです。日本がいかに安定した、しかも落ちついた文化の国かがわかります。学校ではそういう学び方をしていないのです。何となく、日本の歴史教育では権力者が貧しい者を押さえつけて苦しめてきたような意識で学んでいきます。

ところが、いつも民衆によって変わっているんです。人のくらしや思いを大切にされた証だと思います。律令制なんてどんどん変わっていくでしょう。民衆の生活とか民衆の意思が律令制の中身を変えていくんです。最初は公地公民でみんな公平にしました。公平にすると、努力した者がその結果を享受《きょうじゅ》することができなく、活動が停滞していくのです。生産も上がってこないので、努力した者には努力の成果を少し残してやろうとするんですね。そのために少しずつ改革していって、最後はそれが荘園になるんです。本質的に、努力する人のところに富が集まるようになっているんです。富を得る人を悪く言う社会は貧しくなります。

矢作 日本はそうやって富を集めても、結果としてまたそれを貧しい人に分配したわけですよね。

春木 そうです。富の再生産によって社会全体が豊かになります。倉庫にいくら入れても、何にもならないじゃないですか。だからそれを分配していく。そんなふうにして日本はずっと変わっていくわけです。しかし律令制の精神は、明治までずっと継続していくわけです。

簡単に言ったら、天皇と役人に対する規制が律令の基本です。百姓たちを統制するのが目的ではないんではないでしょうか。天皇自身が自分を縛るためにできているんです。このように考えたのは「古事記」や「日本書紀」が同時代に編さんされ、その精神が律令に生きているでしょうから、学者もそういう読み方をしてほしいものです。

「公」だけが天皇陛下であり、「私」はない
——国民のために命をかけている

矢作　天皇のなされる大祭の内容は、例えば四方拝《しほうはい》だったら江家次第《ごうけしだい》（平安時代後期の有職故実《ゆうそくこじつ》書）に出ている。今、ああいうことがどうして教えられてないんでしょうか。神社本庁というか宮司さんたちの間では、そういうことは共有されているんですか。

春木　『神社新報』という神職向けの新聞があって、それには天皇の行事とか、その都度どこの神社でどうしたとか、そうした情報として流れてきます。

矢作　1年の元旦の始めは四方拝で始まるわけですが、例えば、天皇陛下が明け方、宮中三殿西の神嘉殿《しんかでん》南庭に設けられた建物の中で、災いがもしこの国に来るならば、まず私の体を通してからにしてくれというのを、

毒魔之中《どくましちゅう》　過度我身《かどがしん》　毒氣之中《どくけしちゅう》　過度我身《かどがしん》
危厄之中《きやくしちゅう》　過度我身《かどがしん》　五鬼六害之中《ごきろくがいしちゅう》　過度我身《かどがしん》
五兵口舌之中《ごひょうくぜつしちゅう》　過度我身《かどがしん》　厭魅咒咀之中《えんみじゅそしちゅう》　過度我身《かどがしん》
萬病除癒《ばんびょうじょゆ》　所欲随心《しょよくずいしん》　急急如律令《きゅうきゅうにょりつりょう》

という言葉で言っている。その内容、言葉そのものから本当はみんなが知ったらいいと思うんですよね。

春木　言葉は、公《おおやけ》に言われたこと以外は一般には流れてきません。しかし、その真意は伝えられてよいように思います。

矢作　ただ、あれは古い本に出ちゃっています。それが余り変わってないみたい

なので、そういう本があることぐらいは知っておいたほうが本当はいいのかなと思ったんですよね。すばらしいことが書いてあります。

春木　残念なことに、天皇・皇室について国民が本当に知ったほうがよいことは、なかなか流れてこない。スキャンダルのような扱いをされた情報が多過ぎますね。神社界は、天皇の神事等については細かく情報が流れてきます。これを一般に伝えることが難しく、情報が止まっているのが現状のように思います。

　ただし、内輪のことは伝えません。「公」のことだけです。なぜかというと、「公」のことだけが私たちにとっての天皇陛下なのです。要するに、私的なことを取り出して批判する風潮が本質を見えなくしています。

矢作　あれは間違っていますね。

春木　要するに、天皇も私たちも肉体は同じように持っていますから、共通のものを取り出して同じようにそれを評価しようとするんです。これは間違いです。なぜかというと、天皇は肉体で仕事をなさっているわけではなく、肉体は役割を果たすための道具として行動されています。だからどんなにつらいときも、私たちから見たら酷使みたいなことをなさっている。国民のために命をかけてお仕えになっているお姿です。

私は天皇のお姿を拝するたびに、神の姿として心から感謝を申し上げています。

矢作　天皇というのは、古来、最初からずっと帝王学を学んでいらっしゃる。途中から普通の人がかわってできるというものではないですよね。

春木　そうです。皇族としてお育ちになった方と、民間で育った人は、子どもの生育環境が違うから、皇室に入ると物すごく苦労なさるんです。だからどの妃殿下も一度は精神的にご苦労なさってお苦しみになるのでしょう。要するに、「私ごと」がないからです。

ある方がおっしゃっていましたが、今の天皇陛下が小学生のころ、天皇陛下は友達がいがないとおっしゃった方があるそうです。なぜかというと、自分とほかの人がけんかしたとき、自分と親しいので味方してくださるかと思っても絶対に味方してくださらない。公平に扱われるんだそうです。

友達ならもっと助けてくれていいじゃないかと思うけれど、そんなことはされなかったそうです。子どものころからどんなときも客観的に見て、公平に扱われたそうです。小さいときからそういう育ち方をなさっていますから、自分の思いで右とか左とかお考えにならないで何をすべきかだけしかお考えにならないと思っています。

戦後の日本の教育の中の天皇
――歴史教科書のどこが問題なのか

矢作　天皇陛下の本来一番重要な宮中祭祀の意味とか、それがどういうふうになされてきたかその心ですよね、つまり、まさに国民のために、自分のことはあとにして祈っていらっしゃるということが、実はどれくらい大きい意義のあることかということを、日本国民としても知らないといけないし、それが世界へどうい

う影響があるかということも知らないといけないと思うんです。そこらはやはり教育の中で教えないと厳しいな、という感じがするんですよね。ただの教養ではダメだと思います。

春木　教育の中で、特に国語の読み物に天皇のことは一切ありません。中学校の公民とか歴史の中で、天皇のことは極力抑えて書いています。

矢作　パッと見たら、どこの国の教科書かわからないですよね。

春木　わかりません。教科書を本質的に変えないと。私たちが外からいくら叫んでも、教える基本は教科書なんです。

まず「古事記」と「日本書紀」をどう書いてあるかというと、8世紀の初めに、天皇の権威づけをするためにつくられた物語だと書いてあるんです。だから「古事記」「日本書紀」を読もうという意欲をなくしてしまいます。ああいう評価を書くべきではありません。

「古事記」や「日本書紀」というあのころつくられた物語が今も残って、わたしたちの祖先の生き方や考え方や自然に対する尊敬といったものが詰まっていて日本人を考える上で貴重な史料になります。そういう表現ならもっと異なった向き合い方をするような気がしますが、権威づけのためにつくられた物語だという評価を書いてあるから読もうという動機づけにはなりません。本当は、この本を読んでみたいと思うような誘いが重要なのです。多くの人が読むようになれば人に伝える研究も進み、楽しい読み物がたくさんふえてきます。みんな中身を知らないまま、「古事記」「日本書紀」を評価するんですよ。

読んだらおもしろいです。恋のことでも何でも書いてありますよね。人間そのものの喜びや悲しみ、心を弾ませ、生き生きとした姿が浮かんできます。

矢作　ちゃんと男神である伊邪那岐《いざなぎ》さんのほうから誘わないとダメだと書いてありますね。

春木　私たちの生活のごく自然なことを基本に書いてあるんですね。男と女の関係とか、男の責任について表してあるように思います。それが天皇のお役割でもあるわけです。ぜひ「古事記」「日本書紀」を読んでもらいたいと思っています。

神主で中学校の教師をしている仲間が、「日本書紀」を現代文でわかりやすく書いたのがあって、私はそれをかなり勧めて勉強会の史料にしています。世界平和道場の佐藤昭二さんと2人で、勉強会を20年ぐらい続けているんです。少ないときは2人で勉強会です。こういうのは一度やめたら継続できなくなります。

最初は私が35歳ぐらいのとき、自分の一番苦手な「万葉集」を読む会というのを始めたんです。学校の先生とか青年を集めた。私は講義を続ける能力がないので、参加者の中から順番に講義をする人を決めてやりました。そうすると1カ月間で3首ぐらいみんな勉強してきます。すごく深く学んでくるんです。そういう自分たちで勉強していくという会を10年ぐらいやって、その後しばらく休んで、それから佐藤さんと2人でまた始めました。私は古典とか読む能力が劣りますので、やはりお互いに講話を受け持つ方法で続けています。

編集部　学校の教育自体はなかなか変わらないとしたら、寺子屋みたいな感じで「古事記」や「日本書紀」「万葉集」を読む方向がいいのでしょうか。

春木　人を巻き込まないと発展しないのです。なぜかというと、講義だけだとよほどの力がなければ単調になり、参加者の心が離れていきます。一方的に聞くだけだと飽きがきます。勉強会は、巻き込んで参加した人に責任を持って講義をしてもらうようになるのが一番です。その中から、新しい能力を発見したり中には講演活動が仕事になる人も出てきます。

矢作　教科書というご本尊よりは、外側から攻めていくしか現実的にはなかなか厳しいという理解でよろしいですよね。

春木　そうですね。簡単には教科書は変えられません。

例えば今、沖縄で教科書問題が起こっているでしょう。あれはマスコミからすると、選択された教科書が悪いからあの町が頑張っているみたいに見えるんです。でも、あれは逆なんです。今の教科書がよくないから、もっと日本のことをきちんと伝えられる教科書にしようとして、新しくつくった会社が3つあるんです。自由社と扶桑社と育鵬社です。八重山地区では、尖閣問題とかがきちんと書いてあるから育鵬社の教科書が選ばれました。それに対して、別の教科書を使いたいと言っているんです。本来は広域採択だから、決まったら我慢するというのが原則ですが、私は嫌だと言ってそっちを使いたいと言っているんですね。具体的なことが表に出ないで国や大きな組織が横棒のように映ります。

もう一つは、教科書会社の熾烈《しれつ》な戦いなんです。新しい教科書を採択させない社会運動として、多くの団体が活動しています。教科書の内容についてはマスコミ情報で知ることが多いですね。多くの場合「市民団体の反対で」という表現がありますが、教科書を採択させない運動のグループがほとんどです。子どもたちが、祖先に対し尊敬や親しみを覚える内容になっていなく、逆に従軍慰安婦とか、南京虐殺を30万人と書いてある教科書にしてほしいというのが、マスコミの言う「市民団体」の主な要求だったと思っています。

中学校の歴史教科書の資料編というのがあるんですが、どの出版社も内容が典型的な反日です。これでもかというように日本人が外国人に悪いことをしたという写真などが展開されています。でも、あれしかないんです。要するに、ほかはつくっても売れませんから、廃刊していくわけです。先生たちに好まれるものしか売れません。社会科の先生というのは、小・中・高・大学で戦後教育を受け、反日教材で学んでいますので、必然的にそのようになっていったのです。

私が考える反日教科書とは、わが国の神話や天皇を否定的に見たり、歴史を動かした人を負の立場で見る視点で表現し、肯定的に感謝やよろこびを表面に出していないものと考えています。

私は歴史教育にかかわりたいと思って、社会科教師の免許を通信教育で取ったんです。歴史を担当したんですが、子どもたちからよく脱線したと言われました。歴史は先人の息吹が聞こえることでおもしろく興味が湧いてくるように思います。教科書どおりだと、何となく反日で味がないのです。

今の日本の教育現場は減点主義に陥っている

矢作　もうだいぶ前なんですけれど豊後《ぶんご》竹田《たけだ》に行ったときに、どこに行っても子

どもたちが知らない我々に対して挨拶するんです。学生服をきちっと着て歩いているんですが、私は細かく聞かなかったんですけれど、おそらく従来の教育でないものをやっているはずだなと思いました。

春木　田舎はどの学校でもそうだったんです。みんなに挨拶していました。私が最初に校長をやった中学校では、中学生もみんな学生帽をかぶって、挨拶していたんです。あるとき、福岡のＰＴＡの役員という方が訪ねて来られて、「どうしたらこのような中学生になりますか。私の学校では生徒指導に困って、先生方と日夜悩んでいます」と。こんな話をされました。これはこの学校のよき伝統で、地域と一体となって育んできたものです。

　ところが私がやめたころに、挨拶した女の子を車で拉致した人がいたんです。それから、見知らぬ人に挨拶しないようにしようという逆の指導になって、しなくなりました。丁寧に挨拶している子どもをよそから来て拉致した、そういうのが出てくると、とたんに負の思考になってやめてしまいました。非常に残念です。

矢作　今の国は、なんか減点主義になってしまいましたね。

春木　そうです。一つ悪いことがあるとやめるんです。

編集部　その因果関係は、挨拶したから拉致したという、間違った因果関係をつくっただけのような気がしますね。

春木　「もしまたそういうことがあったら、どう責任をとりますか」と。そういう意見が保護者会の中から出てきますと、それにはなかなか対応できないんです。

矢作　責任というのがよく出てきますよね。

春木　必ず出てきます。責任とれますかと。伝統に従った奉納相撲大会をしたときにも、「けがしたら責任はどうしますか」となりましたので、保険を掛けることになりました。だからお宮の相撲とかもなかなかできなくなっています。やっぱりけがしたらその責任はどうしますかという議論になり全体が消極的になります。相撲をとったら、けがするんですよ（笑）。けがをしないような相撲というのは難しいですね。

今、子どもたちが何となく人を攻撃するようになってきましたよね。あれも後ろ向きにずっと育ってきたからではないかと思っています。さっき言ったように、前向きで楽しい人というのは、人を攻撃しないものです。

教育の根幹を大変革するのは難しいので、身近な仲間をふやしていく

矢作　やっぱり教育の根幹をいきなり変えるわけにはいかないということですね。江戸時代の寺子屋のように、周りからやっていくしかないんでしょうね。

春木　そうです。仲間を少しずつふやしていくことなんです。その仲間が、また新しいところで仲間づくりを始めることなんですよ。

矢作　そうなると、実際にフェイス・ツー・フェイスでやる塾みたいなものと、それからそれをインターネットで配信して、しかも双方向でやりとりができるような形でやっていく。今、若い人には本は余り読まれないので、多分インターネットのほうがいいのかなという感じがします。複層的にいくつもの方策を同時進行でやっていくしかないということでしょうね。

春木　インターネットも双方向は大変なんです。それに顔が見えません。だから発信とともに、年に何回か一堂に会して学び合うのがよくはないでしょうか。リーダー（リーダーと思う人がリーダー）みたいな人を東京に集めるとかして勉強会と一緒に交流会をするんです。交流というのは楽しいです。今は交流をしないで勉強会だけするから「よかった、参考になった」で終わってしまいます。例えば矢作先生とそういう勉強をした人は、先生と会うことが楽しいから、その中で志を立て、行動に移すのではないでしょうか。会えるような機会をつくってやることが発展的になるのです。

矢作　やっぱりそういうふうに腹を決めてやるしかないということでしょうね。政治によって法律が変えられるという正攻法はなかなか時間がかかるので。

春木　先生がそうなさって、先生のところに人がたくさん集まるようになると、多分、政治家が近づいてきます。政治家にはこちらから近づくものではありません。向こうから近づいてもらえるようになることです。みんな政治家に近づこうとするから陳情みたいになってしまいます。魅力的なところには必ず政治家がやってきます。変わったのでは、沖縄の勝手連の会長の光永勇《いさむ》さんという人がいます。勝手に政治家を応援する会です。彼は政治家にくっつかなくても、例えば彼の誕生パーティーというだけで政治家が100人ぐらい来ます。秘書とかを送っても、一切壇上に上げなかったです。

政治家にこっちから近づいたら振り回されますけれど、本当に魅力的で人に影響を与えられる人のところにはたくさん政治家がやってきます。そのときに、ちょっと考えを話せばいいんです。

政治家の先生方も今の教育を変えたいと思っています。しかし、政治家もどこをどう変えるか、反対勢力の攻撃にさらされ用心深く取り組んでいるのが現状でしょう。多分、お医者さんたちもそうでしょうね。自分たちの病院の治療の仕方を変えたいと思っても、具体的にはどう変えていいか困難なところが沢山あって、結局変えられません。

矢作　それは事実ですね。

春木　神主も教育界も、いろいろなところを変えていこうと日夜努力しているのですが、本流に手をつけられずに、基本的に今までのままで進んでいます。どこかをちょっと変えている人があると、すごく目立つんです。しかし、そのちょっとが大切なんです。

編集部　自分の力で自分の体を責任持って治すという、西洋医学的ではない発想の本もどんどん注目を集めていますね。

春木　私も足が悪くて、もう2回検査を受けました。検査をすると、「もう年だから」となるんです。年だからだったら、痛いのは治らないじゃないですか。だから痛いのを治してくれるところに行くわけです。そうすると、取りあえず、痛みは治《おさ》まるんです。お医者さんで出していただくのは薬ですから治まったり、別の反応が出たりします。私はもう77歳ですから、「お年ですから」と言われるとそれで終わってしまいます。

　整体をする人がいるんですよ。年を取ったら誰でも軟骨はなくなっていると言われます。でも彼は、痛くないようにするのはバランスだから、バランスをとれば痛みはとれますよと言ってやってくれて、本当に3日ぐらいで痛くなくなるんです。治っているわけではないです。でも、痛くなかったら治ったのと一緒ですから、人生が明るくなります。

矢作 そうですよね。症状がとれればいいわけだから。

春木 いろいろな人と接触することによって、いろいろな角度から問題は解決できるということがわかります。教育もそうですよね。本流は変わらなくても。

矢作 からめ手から。

春木 教育関係の神主たちの勉強会は、全国から集《つど》いますので、午後集合して次の日の昼まで、全部で8時間ぐらいです。午後6時ぐらいまでびっしりやって、次の日は朝8時から始めます。子どもたちを真の日本人にするにはどうしたらよいかが、主たる目的の勉強会です。教師として、神主としてできることは何かを学び合うことです。

私はこのように受け止めました。

直接働きかけることはなかなか困難なところがあるので神社の境内で一人ひとりに向き合って、会話することが早道のような気がしています。最近では、40歳ぐらいの人から二〇代までの人が、日本は今のままではいけない、と感じている人が訪ねてきます。

教育評論家や学者の先生方のお考えをマスコミ等を通じて、ご存じの方が多いのですが、生身の人間を育てるのは、きれいごとではよい影響を与えることができません。生きていることが幸せと思えるような本当の情報を届けることが大切です。

歴史上の人物等を通して、自己実現していく姿や家族や社会のために力一杯努力する人の姿などを例をとって、語らせていただいています。天皇とともに繰り広げられた麗しく、やさしい日本について語る日々です。

本来の日本のよさを伝える教科書がもっと必要
——現状ではいじめを促進している!?

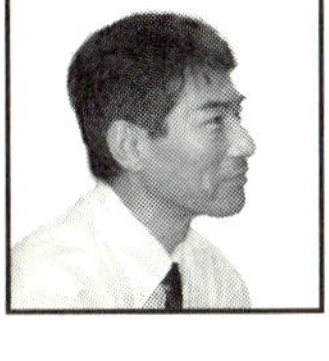

春木 特に今の教科書問題と政治はかかわりが大きいんです。自民党はずっと政権をとって、今日の教育問題をつくってしまったのです。

矢作 そうですね。少なくとも結党したときの綱領は守っていませんよね。

春木 自民党の政治家の人たちは、教育問題で、教科書をこう変えましょう、こっちの教科書でひとつ働いてくださいと言うと、「そうですね、ぜひ」と口では言って、実際は全然動かなかったのが、この結果を招いているのです。教科書問題は選挙の票にならないばかりか、マスコミの攻撃に晒《さら》されて教育への介入のレッテルを貼られ窮地に立たされることがあるので、勇気が出ないのではないでしょうか。

時には逆になり、せっかく勇気を出して新しい息吹を取り入れようとしたものを、行政やその他の力で再検討させられた例もいくつかありました。残念でした。ところが教科書ぐらい大切なものはないのです。特に歴史の教科書とか国語の読み物はそうです。

教科書は広域採択といって、学校や一つの町村では自由に選べない仕組みになっています。学校や町村で不本意な場合でも広域採択に従う仕組みになっています。

家族の一人が町の教育委員のとき、話題の新しい歴史教科書を使いたい旨、決していましたが、広域採択のため望まない教科書になったという経緯がありました。ルールだから普通それに従うのですが、逆の場合はマスコミを巻き込んだ大きな教科書問題に発展し、時には変更の止むなきに至った市町村がありました。

このようにして、教科書はなかなかわが国を肯定的に表現したものが生まれにくい状況が戦後続いていました。

国語の読み物では、小学校の二年生に『スイミー』というのがありました。一匹の大きないじわるな魚がいて、小さい魚がいじめられる。対抗する方法で悩んでいたら、一匹の黒い魚がやってきて、自分が目になるので、みんなで集まって対抗しようという内容です。力を合わせて追っ払うという物語ですが、何となくみんなで一人をいじめる口実をつくっているようで、日本的ではない読み物だと思っていました。

集団で一人をいじめて、責任の所在がない子どもの世界を演出しているようで、いじめをなくす指導の方向と違っているように感じていました。

矢作　1対多数なんですよね。

春木　悪いやつをみんなでやっつけたら正しいということを教育しているんです。これは「いじめもみんなでやれば正しい」という訓練のような気がしています。

矢作　そうですよね。昔だったら卑怯だったわけです。

春木　いじめるなと言いながら、いじめる教育をしているのが教科書だと感じています。

みんなであいつが悪い、やっつけようと決めたら、いじめてもいいということなんです。そういうことをずっと繰り返しやっているのが国語の読み物です。あいうところから日本的なものに変えていかなければと思います。日本の物語を教科書で探すのが大変です。

たまに中学で日本の話があると、足尾銅山の公害と戦った人の話です。一貫して思想がそうなっている。前向きに何か頑張ろうというよりも、社会の不合理と戦うとかがほとんどです。何か努力して一つのものをつくり上げるとか創造のよろこびから子どもたちの将来の夢を育むような読み物が見当たりません。

現在の若者に夢がもてないといいますが、先輩や先祖が国を支え、技術や社会を発展させていったことや、努力によってなし遂げた人生を学ぶことが成長期には必要ではないでしょうか。

個人と社会のかかわりが変わってしまった

春木　社会は不合理な面と前向きな合理的な面との両方あるんです。

矢作　他責にしちゃって、減点主義になっている。つまり、もし自分が主体だったら、不合理だとひと事のように言わずに、自分で歯を食いしばってやればいいわけです。

春木　そうです。最近は、ひとり住まいの老人たちがひとりで亡くなることがよくあります。それを社会が冷たいと言うんですが、本当にそうでしょうか。

社会が冷たいと言うより本人が社会に冷たくかかわり合わないから、社会が気づかないんです。常に人は社会に働きかけていかないと、社会は気がついてくれません。何もしないでサービスしてくれるのが当たり前と思う社会をつくってしまっています。

毎日、毎日「思いやり」「福祉」という言葉が飛び交っています。個人個人が社会に働きかけていくことが一番の福祉のように思います。働きかけるとおもしろいし、生き生きしてくるのです。いろいろな言葉を前向きでなく逆に使っているのが多いようです。

一年に数回ですが、神社の清掃奉仕においでになっている方がちょうど今お集まりになったところですが、あの人たちはまさにお互いが社会をつくっているから、お互いのことを気遣いながら、仲間づくりをなさっています。病気したりしたら、みんながどうしたらいいか声をかけ合い協力している集団です。

彼らはおもしろいんです。仕事をしてごみが出たら、今度はごみを資源にする方法はないかと考えるわけです。川にヘドロがあったら、ヘドロを何か資源にできないかと発想するわけです。そういう努力をしていると、それをいい方向に動かすために町と協力関係もできてきます。汚いからどこかに捨て場所がないかと考えるのではないんですよ。もともとはいいものがヘドロになっているわけだから。ちょっとした発想で、お互いが30分ぐらい手を出すことによって環境が変わったりすることを体験的に積み上げていっているグループです。

最近一番私が気になっているのは、都会の人たちが自分の家の周りの清掃でも、行政頼りになっていることです。地域で呼びかけて行動するというのはあまり聞きません。

矢作 自助、共助というところが薄くなってしまったというのがありますね。

春木 行政はいくらお金があっても足りません。だから行政は予算が限りなく膨らむような仕組みをつくっています。例えば、自分の家の周りの道路をみんなで1カ月に2回ぐらいでいいから掃き掃除をしましょうと言っただけで、予算はぐっと減るんです。田舎はお金がなくても生活ができるのは自分の体を動かすからです。これも結局、自らが福祉に参加し、健全に生きる仕組みのような気がします。

境内にある万世一系の天神木は１万5000年の命脈がある。

第二章

天孫降臨の原点、幣立神宮に一万五千年続く祈りの心

境内を案内される春木宮司

日本の国の成り立ち、そして1万5000年の歴史ある幣立神宮
——神と自然と人とは一体

矢作　日本の国の成り立ちが神話の神代から続いているということを伝えるのは、今の唯物論的な考え方がはびこった社会の中ではなかなか難しい部分があると思うんです。けれども、普通の力のある民族というのは、必ず神話を大事にしていますよね。例えば「古事記」や「日本書紀」みたいな正式なものと、それよりももっと前からあるホツマやカタカムナみたいな、公には認められていないけれど、多分真実としては正しいところもあるだろうというものもある。

1万5000年の歴史ある幣立神宮、ある意味では日本で最も事実が実際に顕現したようなところがあるということは、日本にとってすばらしいことだと思うんです。けれど、今までは隠れ宮ということでこの20年ぐらい前まではあまり公開されてこなかった。これからに向かってのご方針というか、どういうふうにこの国の歴史の成り立ちの最初のところを表現していくか。何が正しいというか、あるべき方向というのはどのようにお考えになっているのですか。

春木　幣立神宮に石盤が温存されています。表には〓《ア》〓《ツ》〓《ヒ》〓《ノ》〓《オ》〓《ホ》〓《カ》〓《ミ》と彫られ、裏面にひふみ祝詞が彫ってあります。

　このひふみ祝詞をある霊能者が解釈してくれました。そうすると、最初から最後まで感謝なんです。天地自然の神に感謝することから始まっています。

　お祭りというのは、神代のころも今も形が変わってないんです。ただ洗練されてきているだけです。何かというと、天地自然の神によって私たちは豊穣の恵みをいただいていますから、その豊穣の恵みに対して感謝をすることから祭りが始まりました。椎《しい》の木から椎の実をいただいたら、その木の前に行って臨時のお祈りの場所をつくって、そこにお供えをして感謝をしていた。神道の形は、私は1万5000年前も今もずっと同じ形だと思っています。時代とともにそこに建物ができたりして少しずつ変化していきますが、その精神は一貫しています。

私たちの祖先は神と自然と人とを一体としてとらえ、この大自然の中心地（分水嶺）幣立の森を神々の集う清浄な場所として、今日まで守り続けています。

わが国の神話の根幹が幣立神宮を離れては説明がつかないところがたくさんあって、「古事記」の解釈などももう一度、この神社から見直していく必要があるのではないかと、体験的に思っています。

幣立神宮が祈りの場所になったわけ
――阿蘇山噴火の影響を受けないこの地から復興が始まった！

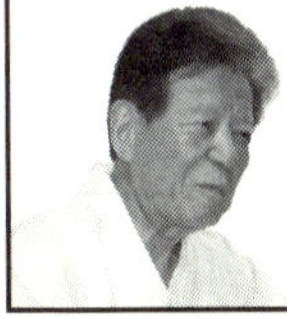

春木　どのようなわけで幣立神宮がその当時からお祈りの場所になったかというと、この土地の条件が生み出したと思います。このお宮の周りは湧水地帯になっ

幣立神宮所蔵の石板の表に刻まれた阿比留文字によるひふみ祝詞。

幣立神宮所蔵の石板の裏に彫られた刻文字「アソヒノオホカミ」。

 ア　太陽が大地に下りる。朝日。始め。太陽のように輝く宇宙船が地上に降り立つ。

 ソ　人は木より生まれる。山に木がある。

 ヒ　人となる。山に人が住む。神がこの地に生まれ、日の元の人となる。

 ノ　野に日があるとき。昼。伸びる。落ちた（何かを落とした）。

 オ　人として地上に下りる。地上に下りて足をつける。宇宙船は木の上に止まった。

 ホ　この地を守る。この地に人として降り立ち、この地を守り続ける。この地に留まった。

 カ　日が陰るとき。木をなぎ倒し宇宙船は去っていった。

 ミ　人は、木に留まり休む。ここに宮を創り、神として祀った。

ています。水には困らないし、洪水もない恵まれた生活環境です。

水辺の生き物や植物、野山の幸、豊穣の神の恵みにいつも感謝しながら時を過ごしたように思います。神の恵みに感謝し、祈りの場としてこの幣立の森を選んで今日に至っている。それが自然と共に醸し出されています。

幣立の「幣」というのは2つの意味があります。「御幣《ごへい》」としたときには神様の依《よ》り代《しろ》になるし、「みてぐら」といったときはお供えなんですね。だからお祈りする場所は全て「幣」なんです。その場所として、神代のころの人たちがこの杜を選んだんだと思います。

例えば、阿蘇山が爆発したときに、自然環境、生活環境が破壊されました。そのとき、人々の生活を守る原資が残っていたのが幣立神宮とその周辺だったのではないかと推察できます。

私は数回の阿蘇の噴火とその後の噴煙、火山灰の降下を経験しています。不思議なことに、幣立神宮とその周辺は火山灰の影響をほとんど受けないまま過ごすことができています。籾《もみ》が温存された貴重な場所だったに違いありません。

に、

「日向国風土記《ひゅうがのくにのふどき》」に「日向の国の千穂の里」というのがあるのですが、その中に、

「瓊瓊杵命（ニニギノミコト）様が天の磐座《いわくら》を離れて、日向の高千穂の二上《ふたがみ》の峯《みね》に天降《くだ》りました」

「その土地のオオクワ、コクワという人が来て、自分たちは生活に困窮しているから種籾が欲しいと請《こ》われて、瓊瓊杵命が種籾を持っていってまいたら、世の中が明るくなった」

という文章があるんです。

地元の人が来て、種籾が欲しいと言われて、種籾を持っていったと言われているから、私は数日間で行動できる範囲の場所と理解しました。それがここ幣立神宮の神域以外に考えられないのです。

このような解釈ができるのは、この場所に住んでいる体験によるものです。その解釈は多分、私にしかできなかったと思います。生活の体験は思いがけないものを発見します。

矢作　やっぱり現場感ですね。
春木　この場所にいなかったら、あの文章はたんなる神話の一つと思ってしまい、真実が理解できなかったと思います。
矢作　なるほど。すごいことですね。
春木　ここで生活していると、自然と人と歴史が浮かんできます。瓊瓊杵命《ニニギノミコト》様が旅をなさるとき、人々の生活が困窮しているときに種籾を持って旅をするというのは、生命の危険が伴います。人々の困窮は命の奪い合いにもなりかねません。
神話では旅の様子を「天の浮雲に乗りて」等と書いてありますから、何となく安住の地に簡単に移動しているようですが、命がけでおいでになっているはずです。そして多くの困難と戦いながら、地域おこしをしておいでになるのが天孫降臨だと思います。そういうのがなかったら記録に残りませんよ。
矢作　それはそうですよね。あっちこっちでそういう同じようなことを言っているわけですものね。
春木　種籾を持っていくこと自体が命がけなんです。天の二上と幣立神宮の間は、今だったら車で20分の距離ですけれど、その当時だったら最低2日ぐらいかかると思うんです。二上の麓に行きますと、やはり湧水地帯で種籾があったらすぐに田んぼができる場所です。世界平和道場の佐藤さんたちがこの神社の後ろで、縄文時代のように稲作体験しようと、実験したことがあります。

矢作　実証主義ですね。

春木　道具は木の棒を使い、足で湿地を踏み込んでいきます。草が土の中にしみ込んでいくんです。その上に種をまいて秋の収穫を待ちました。この遊び心が「風土記」の解釈を覚醒させたのです。この周りというのはそういう場所なんです。高千穂もそうです。

権力ではなく徳で治める天皇家
——「ことよさす」は国民に対する命令ではない

春木　この土地は、今日の都市文明から見ると、人々のくらしに適さない過疎地になっています。いわゆる僻地ですが、遥か遠い神代のころはまさに神々の住む都、高天原でした。

　この安住の地を離れて、危険を覚悟で人々の救済に旅立ちになったのが天孫降臨の物語です。人々の喜びと笑顔の溢れる世を願って行動されるのが天皇の政《まつりごと》で、それを役割となさいました。この役割のことを「天壌無窮《てんじょうむきゅう》の神勅《しんちょく》」といいます。

矢作　まさに天照大神（アマテラスオオミカミ）以来のですね。

春木　人々が安心して暮らしていけるように守っていくという責任を持たれたのが天皇陛下です。お米の種を持って稲作によってくらしを立てるという文化をお育てになった根元を、「斎庭《ゆにわ》の稲穂の神勅」といいます。そして、天皇が、自らを天照大神様の心に沿うような生き方を求め続けられる。お鏡を祀り、天照大神様として祀り続けることにあるのです。だから天皇家は、権力じゃなくて徳をもって国を治める、徳治主義なんです。

矢作　それを「しらす」という言葉で国譲りの中では書かれていますよね。

春木　そうです。「しらす」と「ことよさす」です。「ことよさす」は命令じゃなく、ご依頼なさるんです。ご依頼し、お任せになることが「ことよさす」と理解していいます。「ことよさせまつりき」。天皇の願いを忖度《そんたく》して、それを形にするのが私たち国民の役割です。「皆が幸せであることを希望します」という天皇のお言葉を形にするのが国民です。その幸せになる形をつくるのが私たちの仕事です。だから「ことよさせまつりき」なんです。

大祓詞《おおはらえのことば》はどういうことかというと、これも私の解釈ですけれど、大祓詞の前半は瓊瓊杵命の国づくりなんです。国づくりによって背負う罪・けがれについて申し上げてあります。私たちの祖先の言う罪・けがれというのは犯罪や汚いことを言うのではなく世のため人のために尽くすことによって、命をいただき、形を変えていく。そういう行為が罪をつくりけがれを生み出すというとらえ方をしたんです。

要するに、傲慢さを抑えられた。謙虚に命を尊ぶあり方を罪、気枯《けが》れとして自らを戒めたのでしょう。自然や命あるものに対する敬意と感謝が滲《にじ》み出ている感覚です。人間の権利というとらえ方をしませんでした。

そして後半には、たくさん背負われた罪・けがれを自分で取り除くのではなく、神様に委《ゆだ》ね、祓い清めるのです。常に人々の働きによる傲慢さを戒め、再び清らかな心で世のため人のために尽くしていく、神や自然、人に対するお仕えする心と感謝が感じられます。

矢作　大祓詞とかひふみ祝詞というのは、天皇が践祚《せんそ》されるときの祝之神事《はふりのしんじ》の中にも入っていますよね。それは成り立ちとしては、自然にまとまってきたという理解でよろしいんですか。

春木　多分そうです。そういう生き方をまとめられたのは中臣《なかとみ》氏ですからね。要するに、天皇の生き方を言葉としてまとめられたのが大祓詞なんです。

矢作　大祓のまたの名前は中臣の祓ですものね。

神道の罪・けがれとは世の中のお役に立つこと、大和魂とはすがすがしく生きること

春木　私たちの祖先の罪・けがれのとらえ方はすばらしいんです。いいことをした人ほど罪を背負うわけです。稲をたくさんつくって、たくさん生産する人は、たくさんの罪を背負うというとらえ方をされた。だからこの罪を神様にお引き受けいただく神事が神社参拝の儀式です。祓いによって清らかになった心身の力に

よってまたお役に立たせていただく。役に立つことを罪・けがれと理解しています。とらえ方がすばらしいです。罪やけがれをたくさん背負える人間になりたいです。

ところが今は、罪という言葉が別の意味に使われるから、混同して解釈されるんです。けがれも混同して使われるから難しいんです。

大和魂という言葉もそうです。大和魂の根本はすがすがしく生きることを指していましたが、ある時期異なった使い方をしたので混同されてしまいました。

矢作 まさに浄《じょう》明《みょう》正《せい》直《ちょく》の一つの表現型でいいわけですよね。

春木 そうです。それを紫式部は「源氏物語」の中で非常にうまく表現しています。光源氏の子育ての仕方を大和魂と書いています。自分の立場とかを利用して、情実で子どもを引き上げたりしない。その生き方を大和魂と書いているんです。要するにすがすがしい生き方の表現です。

大和魂という言葉が貶《おとし》められたことがあります。本来の意味と異なった使い方をした時代がありました。長い歴史の中では、いろんな側面を覗かせることがあります。しかし、常に原点回帰の力が働けば、正常な姿に復帰することができます。

歴史は揺れながら、その国の顔をつくり出します。少しずつ真の姿に修正して、日本人としてのすがすがしさの顔、大和魂が取り戻せたら、と思います。できるだけよい形に時間をかけて帰還させたいです。無理をすると、過去の共産主義の轍《てつ》を踏むことになりはしないかと危惧します。

矢作　急ぎ過ぎちゃいましたね。

春木　邪魔になる人を排除したり殺したり悲惨な状況をつくり出しました。

どんなことがあっても完全な理想社会は生まれてこないんです。私たち人間というのは、いろいろな姿・形を持っています。その姿・形の現れ方を国柄とか人格というんです。

全地球を総称した五色神
——神人合一、全ての神を等しく祀れ

矢作　ここにお住まいになられているからわかることというのが、実はすごく意義深いと思います。

春木　古い記録も、ここにいなければ解釈できないものがたくさんあります。有名な学者の先生たちのお話で、あれは違うなと思うことも多々あります。

矢作　お伺いしてみたかったのは、五色神祭の青というのが、多分二通りの解釈ができるんじゃないかなと思うんです。一つはいわゆる地球外生命体（宇宙人）で、もう一つはムーとかアトランティスのように、かつての高度文明の生き残りたち。そうした言い伝えがあると思うんですけれど、あるいは一緒なのかなとい

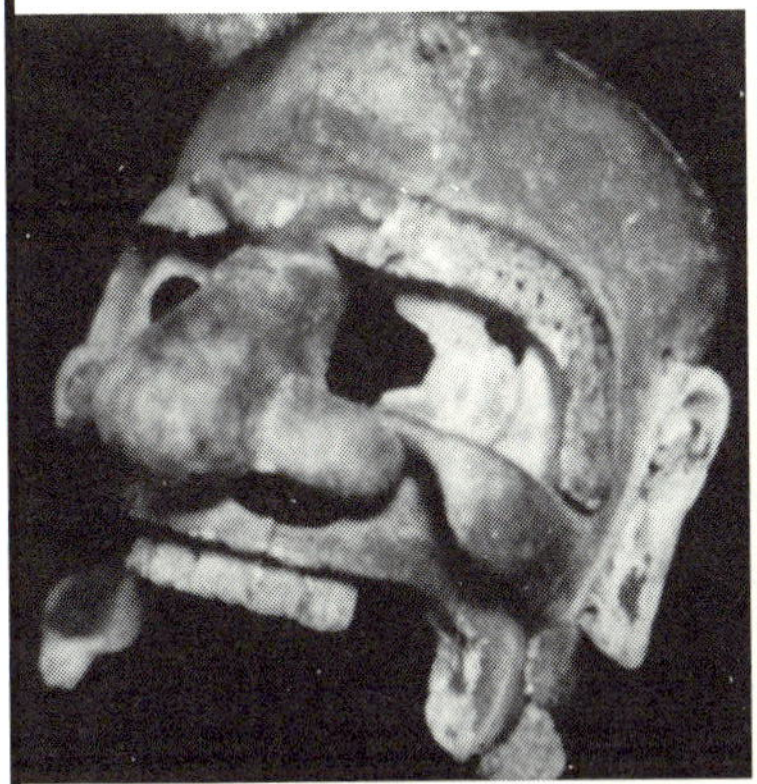

五色人面
（左上）伝モーゼの面、白人（右上）黒人（左中）赤人（右中）黄人（右下）青・緑人（写真／吉田信啓）

う感じもしますが。

春木　私は五色を無理に分けなくていいと思っています。要するに、現象面の五色なんです。全地球を総称したものが五色神なんです。

矢作　では、それは無理に理屈ばってやる必要ないという理解でいいわけですね。

春木　無理すると必ず争いが起こります。私は違いますとか終わりのない議論になります。例えば、ユダヤ人が赤だと言う人がいるでしょう。骨格からするとヨーロッパの骨格ですよね。ああいうのを無理に分けるとうまくいかなくなるんです。

矢作　それもすごく重要なメッセージだと思います。いわゆる神道的な意味で何でも受け入れる。理屈じゃなくて感性として受け入れればいいわけですよね。何となくみんなで世界あるいは世界の人たちを代表して、そういう色にしているんだというぐらいでとめておけばいいわけですね。誰も実害をこうむらないわけですね。

春木　それが祈りの姿なんです。

あれは10年前だったですか、敬虔なイスラム教の人が来られました。厳しい戒律にこだわる人もいますが、人のゆとりというものは幅を広くすることを体験しました。神社はご神殿を通して神様をお迎えしているんですね。イスラムの人たちは、天に神様がおいでになるということなら、天においでになる神様をこのご神殿を通してお祈りしたらいいわけです。神道はそれを否定しません。拒みません。

矢作　全て神人合一。万教同根的に全てですものね。

春木　そうなんです。このような場合、必要に応じ神様をお迎えし、お祭りを行います。一時的に神様がふえることになります。いい加減のように見えますが、包容力に富んだ神道の姿であろうと思っています。キリスト教の神様も祀祭《まつる》し、その祀祭《まつる》という言葉が大切なんです。そうして、祀った神様にお供えし、感謝申し上げることがお祭りということです。

矢作　大日本愛国党の総裁だった赤尾敏《びん》さんも、質素な事務所に全ての神様、イエス・キリストも釈迦《しゃか》も孔子《こうし》も、みんな一緒に祀っていたそうです。結局、神道的な発想なんですね。

日本人の大らかな信仰心
——肉体レベルでの善悪を論じるのは無意味

春木　日本人は自らを無宗教という人がいます。だけど信仰はあるんです。信仰と宗教は異なって理解したほうがよいと思います。一般的にいう宗教というのは組織に属するかどうかで、日本人の無宗教とは組織に入ってないという表現なんです。

矢作　無宗教であって、信仰心は誰よりもあるわけですよね。

春木　日本人ぐらい信仰心のある民族はないです。なぜかというと、命令されずにお祈りするんだから、自主性そのものです。

矢作　心性として備わっていると考えればいいわけですね。

春木　しかも正月の初詣では、お宮をいくつもまわります。それをおかしいと思わないでしょう。三社参りとか、日本の文化としているわけです。三社参りだけじゃなくて、一緒にお寺にも行きます。長崎だったら教会にも行きます。お寺に行って、お宮に行って、教会にも行きますね。日本人としては全然おかしくない参詣の仕方です。

おもしろいのは、キリスト教の教会でも、日本的な神社にお参りするようにお参りしている人を見かけることがあります。神様として同じ感覚で、それを違和感なく頭を垂れています。

矢作　神聖なるものに対して敬うということではごく自然なことですよね。

春木　日本人は神田の明神さんに詣でた後に、ニコライ堂に行ってお参りする。「お参りする」と言うのが日本的です。祈る言葉を発せず、全て神様にお任せしているのですね。

日本人のそういうところを知ってないと、日本人の行動を誤解していくんです。

靖国神社のことも、誤解と曲解の2つなんです。

矢作　事実を知らないという意味では誤解でしょうし、意味を正しくとらえてないという意味では曲解でしょうね。

春木　いつも誤解と曲解で議論しているんです。

先ほど申しました八岐大蛇退治ですね。八岐大蛇の肉体は祀ってないんですが、八岐大蛇という生命、神につながる命を祀っているわけです。極端に言ったら、八岐大蛇の魂は天皇家の三種の神器として祀られているのです。

矢作　結局、全て一つということでそういうふうに考えられるわけですよね。

春木　うつし世の中では人間は肉体を持っていますから、肉体は欲望だらけだからいろいろなことをするんです。でも肉体が滅んだら欲望はなくなりますから、神の姿しかないんです。

その神の姿を祀ったのが神社であるし、その延長で時代が必要とした神社が靖国神社なんです。だから靖国神社には肉体は祀ってない。一人ひとり尊《みこと》として祀られています。要するに神の姿として祀られている。だからあそこには現世の人格は存在しないのです。全ての人々に備わった神としての霊が祀られているのです。

靖国神社について戦後の問題のようですが、戦前にもカトリック信徒による信教の自由と靖国問題がありました。このとき、ローマ教皇庁から日本のカトリック信徒に対し、「靖国参拝は宗教的行動でないため自由に参拝してよい」という通達を出しています。戦後、昭和26年にも同様の通達を出し今に至っています。

宗教的行動でないという議論は靖国神社の祭神を考える上で、大いに刮目《かつもく》すべき判断ではないかと思います。

祭神は兵隊さんだから、戦争するときは生命のやりとりをしますよ。だから、兵隊さんが必死で生命のやりとりをしたことを責めてはいけない。むしろ戦争のない社会をどうつくるかを議論しないといけない。

矢作　あれもそのときの人間の意識レベルの反映でしかないわけですものね。形の上では人殺しを命令するという言われ方をする人たちもいるけれど、それとてもある意味では時代の必然だったわけだから、善悪是非の話じゃないわけですよね。

春木　善悪で議論する問題ではありませんね。歴史が生んだ役割を果たした人たちに対する鎮魂と感謝を表す場所ですね。

幸いにして生存なさっている人は、苦しみの中で復興にお励みいただき、豊かで美しい日本を見事につくり上げていただきました。私はその結果を享受させていただいています。

戦争の最中のことで様々な議論がありますが、肉体を持った人の生存のための行為は多くの様相を表します。つらい出来事も少なくありません。私はそのことを評することができません。感謝の一言です。そして再びこのような苦が生まれないことを祈っています。

皇族を今も特別に思う日本人の感性

春木　今皆様とお話ししているこの場所は、お祭りのときと皇族や旧宮家の人以外には使ってもらっていません。

矢作　由緒あるところなのですね。

春木　お祭りのとき、ここで服を着がえたりお浄めとして使います。神主以外は、皇室ゆかりの方以外はお使いいただいていません。お宮にはどういうところも、そういう場所を1カ所ぐらいもっているんです。

天皇がおいでになるときは、多分大改修になります。日本人のそういう感覚が大切なんですよ。天皇の神聖をどのように受け止めるかが日本人の課題です。

元皇族の方がある役場でトイレ休憩させてくださいと事前にお願いしていました。役場の対応の心遣いには感動しました。その役場は以前、天皇陛下がお立ち寄りになったことがあるんです。だから、村長さんがそういうことを経験しているんですね。お迎えの姿がすばらしく、本当に感動しました。

矢作　そういう感性がちゃんとあるんですね。理屈じゃないですものね。

春木　旧皇族の方は法的には民間人です。民間人じゃないかというとらえ方をさらなかったのがすごいのです。ついそうなりがちなんですけどね。

私は以前、旧皇族の方と横須賀にある戦艦三笠の見学をご一緒させていただきました。三笠の理事長以下が全部並んでお迎えなんです。あそこの理事長さんは、元三菱重工の社長で私にとっては雲の上の人です。私一人で行ったら相手にされないような人です。ところが旧皇族の方がおいでになるということで、そういう対応をなさいました。三菱重工といったら世界的な会社でしょう。そんな社長をなさった人が所員とともに整列してお迎えいただき、説明されるときは真っ先に小走りで走り回っておいでになるのです。一流の人の人に対する姿を見せていただきました。

矢作　その辺、よくわきまえていらっしゃるんですね。

春木　一流の日本人だなと思いました。人から見たら、卑屈なまでに頭が低いように見えるんですよ。しかも年は80歳近いんです。それが駆け足で動かれる。

　私たちは一歩下がってお伴させていただきました。あのような方が守ってくださっているのはありがたいですね。

日本の兵隊さんは、立派な男が多かった

春木　三笠の中を細かく見させていただきました。日露戦争で戦った人たちの船は、今と違って冷暖房がなく、冬は凍える寒さでしょうし、夏は蒸す暑さでしょ

う。ボイラー室などかわいそうでした。砲撃手は大砲の横で寝て、そこで食事も取るそうです。全部そうなっているんですね。そういうところで勤務が1年とか2年になって、いつ死ぬかわかりません。私たちの祖先はそんなにして日本を守ってくれたんです。

写真や文章で知ることと、現実の違いを深く感じた一日でした。その中での人のくらしが見えてきます。みんな二十歳《はたち》前後の人です。そして、ほとんど今日の東大に行くような人たちがあそこに集まったんです。日清、日露の戦争の時代は、西欧列強による植民地拡大の時代で、日本もその脅威に晒《さら》されている時代です。国を守らんとする若者たちが競ってそこに集まりました。人格、識見がすぐれ、その人たちの思いが今の日本の基礎をつくってくれました。

大東亜戦争（太平洋戦争）では、一敗地に塗《まみ》れ、悲しい結果を招きましたが、私の父の体験談を語らせていただきます。

父は、33歳のときに召集令状が来て、満州に配属になりました。昭和19年に転属命令が来て満州の牡丹江《ぼたんこう》からフィリピンに移動している途中で、7隻の船団を組んでいたうちの6隻が撃沈されて、1隻だけが台湾にたどり着いたと言っていました。父は身体障害者だったから、医療班だったんです。医療班だけは武器を持たない小さな船だったから、それだけは潜水艦の攻撃に遭わずに、台湾に着いたと言っていました。漂着するようにたどり着き、その後フィリピンに近づこうと高雄までの行軍だったそうです。台湾の高雄で終戦を迎えました。

帰ってきたときは筋骨隆々で丸々太っていました。父は台湾に行ってから炊事を担当したそうですが、現地の人たちが、みんなで食べ物を運んでくれたんだそうです。戦争が終わって、台湾の人に守られて帰ってきたわけです。

日本人が悪いことをしたというけれど、私は子どものころから、違った思いを持っていました。父が太って帰ってきたし、台湾の人たちとの交流を楽しそうに話していました。父を通して日本の兵隊さんを自分なりに理解していました。

また台湾統治は紳士的でした。優秀な人は日本に留学させて勉強させるし、義務制の小学校をつくってみんなに勉強させせました。

当時の男性は女性を大切にしました。女性もまた男性を尊敬の眼差しで見ていました。

今とちがって、どの人も家庭を営んでいました。家庭を守り国を守る気概に満ちていました。魅力的で立派な男性が多かったと思います。女性もまた然りです。

矢作　誇らしいことですよね。

春木　軽蔑するところなんか全くありません。戦争は立派な人と人が命のやり取りをする国家の事業です。不幸な時代の崇高な人に敬意を払いたいと思います。そしてこのような時代が再びやってこないことを祈るばかりです。

矢作　本殿を参拝したときにおっしゃっていたように、皇室の弥栄《いやさか》、国家の安泰、世界の平和ということですよね。

「夢」とは、自分にできることを探すこと

春木　最近、夢が持てないと言います。将来に希望がないとも言います。夢や希望は与えられるものではなく、小さな積み重ねの中から、少しずつ具体化するものでしょう。

先人の歩いた道に共感するとか、尊敬する人の後ろ姿を見るとか、そのような人生モデルを共に歩くことによって、志が明らかになっていきます。現実は困難であるという判断の前に一歩ずつ先へ進む努力が重要です。

だから自分にできる一歩を探せる人になることです。簡単に言ったら、自分にできることを探すことを夢というんです。夢や希望は宇宙全体に充満しているものです。夢というと、先に大きな目標があるようだけど、できることを積み重ねているうちに、一つひとつ具体的な夢に成長するものなんです。

若いとき、担任の先生の影響を受けて教員になることが目標になりました。矢作先生方は医者になることが目標だったと思います。お医者になったら、次の目標ができます。みんな当面の目標をつくって、一つひとつやっていくんです。人によっては最初から大きな目標を持てる人もいますが稀です。例えば豊臣秀吉とか。私にはそういきませんでした。人生の中で新しい夢や希望が膨らんできます。何歳になっても新しい夢が湧いてきます。

編集部　矢作先生の今の夢、実現したいことはありますか？

矢作　方向性だけの問題で獲得目標になるかどうかわからないけれど、日本人に真実を知ってもっと幸せに生きてほしい。ただそれだけですね。

春木　真実を伝えて、私はずっと右翼と言われたんです。神主だからしようがない。

編集部　神主さんで左翼の人っているんでしょうか。

春木　組織の中にはそっちに入っている人もいます。神主さんで学校の先生で。中でも大分県の先生方は悩んでおいでになりました。現実と課題との間でお苦しみのようでした。それをちょっと変えるために、リーダーとなっていただく先生方と打ち合わせに行くんです。とにかく行動しないとね。要するに種を蒔《ま》き、苗を植える作業を共同で進める一歩を踏み出します。

矢作　いいですね。みんな本当は心の中では気づいているはずなんですけどね。

「和を以て貴しとなす」の本当の意味
――「和」そのものを目的としてはいけない

春木　みんな組織の中で生活していますから、組織から外れるのが怖いから、組織に合わせるんです。組織に合わせない人を変わり者というだけなんです。右翼

とか、レッテルを貼りやすいから。

十七条の憲法に「和を以て貴しとなす」とあるでしょう。聖徳太子が和を何のために説かれたかというと、人間はみんな考え方が違うのだから、「同じようにはいかない」。だから何かをするときには徹底的に議論して、そして衆目の一致するところで決めなさい。決めたら和をもってそれを実行しなさいということが「和を以て貴しとなす」なんです。そのプロセスを抜いて、「和をもって」と言うから無理やり一つの籠の中に閉じ込めようとし、はみ出ようとする力が働いて、収まりにくい組織になります。「日本書紀」にはそれが具体的に書いてあります。

企業の社是に「和」と書いてあるのが目立ちます。和の本質を考えず、和を押しつけ、従業員に何となく出口のない嫌な組織をつくっている場合があります(笑)。和という意味は、異なった考えの人などが、わかり合うことが主で、基本的には真剣に議論して、心の葛藤と闘いながらつくり上げるものです。つくり上げたら力を合わせてやり遂げる。これを和というんです。

私は校長のとき、クラスで和とか協力というのを目標にしていると、「その目標で何をするの？」とよく質問しました。子どもが自己啓発できるような目標ではいけないのか尋ねると、「みんな仲よくするための和ではいけないんですか」と返ってくるのです。

仲よくすることがいけないのではなくて、一人ひとりが生き生きとして、意欲に満ちた活動目標を立て、切磋琢磨する中で、和が育つのではないのか、と。こういう話し合いをしたこともありました。それでも納得いただけなかった記憶があります。

子どもたちは、集団に入りにくい弱い者をいじめたりします。ところが何かを仕上げる目的を持ち、それを仕上げる過程で話し合ったり協力したりすることで、和ができるんです。すごくいい和ができる。ただし、必ずリーダーが必要なんです。リーダーのいないところに和は生まれない。みんなですればいいということはあり得ないです。一つの目標を持って行動するとき、リーダーがいれば自然に人が集まって、共に力を合わせて議論が始まっていきます。議論をすることで和が生まれます。具体目標がなく、何となく仲よくして協力を求めると逆にすきま風が吹くものです。病院の看護師さんなんかにそういうのが多いのではないでしょうか。

　目的じゃなくてプロセスとして和が生まれます。プロセスを目的にするから異なった様相が生まれてきたりします。

　最近は介護施設がたくさんできていますが、トラブルが絶えません。仕事を生き生きとしていないからではないでしょうか。やはりリーダー次第なんです。人間というのは不思議で、給料が安くても生き生きとした仕事と仲間たちで楽しければ人生も楽しいんですよ。高くなればもっといいだけで（笑）。

米大統領おつきの霊能者が
幣立神宮へパワーをもらいに来た!?

編集部　アメリカの大統領のおつきの霊能者が、パワーがなくなって、わざわざ幣立神宮までパワーをもらいに来たという話がありますが。

春木　それについては、私は一切話をしていませんが、インターネット上で発表されていましたね（笑）。たしか一緒に案内して来た人が書いていたと思います。

ちょうどブッシュ大統領のころだったか、その後だったか、その霊能者は、「儀式をするときに、血の盟約みたいな儀式があり、そのときに巫女として飲み物を渡す仕事をしていたんです」と言っていました。「自分たちは本当は国から出られない。出ようとしたら大体暗殺されますと。しかしなぜか私を出してくれました」と言って、ここに来たんです。

たしか5人くらいの人が案内して来られ、その内の一人がそのときの様子を発表したと思います。その人の内面の問題だから、本当はそういうのは発表しないのが礼儀なんです。パワーがなくなったなんてその人の最も重要な能力を失したことになり、それを公にすることはその人の一大事であります。だから一切そのことには触れませんでした。ある日そういうことを聞いてくる人がいたから「さあ……」と言っていたけれど、インターネットに出ていますよと（笑）。

編集部　似たような例で、そういうふうにわざわざここに来る人というのはほかにもいらっしゃるんですか。

春木　さあ……（笑）。パワーがなくなって来る人というよりも、国をもっといい国にしたいから、国と世界平和をお祈りしたいという人はたくさんおいでになります。

東京オリンピック成功の裏に幣立神宮の祈願があった

編集部　オリンピックの五輪と幣立の五色神は非常に縁があるそうですね。東京五輪のころから縁があるとのことですが、次の東京オリンピックのために特使が

来ることはあるんでしょうか。

春木　オリンピックと言えば、先代宮司が戦地から復員して間もなく、日本復興のためにはオリンピック開催が必要と、昭和22年6月23日（旧5月5日）、五色神の神々の御前でオリンピック誘致祈願を始め、熊本大学学長、県知事に運動要請したが、時期尚早と断られたと言っていました。

昭和27年（1952）4月28日、連合軍の占領下にあった日本は独立国として出発し、直ちにオリンピック誘致の活動が始まりました。先代宮司が取り組み始めてから5年の月日が経っていましたが、夢が一歩踏み出し、胸躍る時でした。

戦後復興の途上の日本で、果たして可能か危ぶまれる中、日系アメリカ人の中からアメリカの世論を後押しする運動が始まり、見事昭和34年（1959）東京オリンピック開催の決定がありました。

いよいよオリンピック開催の日が差し迫った8月23日、オリンピック担当大臣が幣立神宮で成功祈願をなさることになったんです。オリンピック担当大臣が2日もあけられないので、代理として熊本の園田直代議士の参拝となりました。私も参拝の神事の手伝いをさせていただきましたが、そのときの感激と興奮が今も鮮明に蘇ります。

8月22日にご祈願を予定しておられたところ、飛行機の都合で8月23日になったと聞いています。これが五色神祭の日なんです。

そのころまでは、五色神祭は宮司だけで行っていました。大体お祭りというのは、神官の奉仕がほとんどです。お祭りは神様にお供えをし感謝を申し上げることですから、神官だけの奉仕が通常です。

その中の特別なお供えを用意する日が大祭日とか、紀元節の日とか。それは特別なお供えを準備し、お祭りの主旨を称え感謝するものです。普通は日常的だから、お米と御神酒《おみき》と水と塩をお供えさせていただきます。

西村見暁さんと正田篠枝さん
——探し求めた聖地は幣立神宮だった

春木　昭和39年10月10日、東京オリンピック開会式の日、原爆犠牲者の正田《しょうだ》篠枝《しのえ》女史（歌人、平和運動家）が巻物一巻をご奉納になりました。正田さんは原爆症と乳がんで、余命半年と宣告を受けていました。しかし、「自分に与えられた使命は、念仏をとなえながら広島・長崎の原爆犠牲者のため、御霊成仏の名号書写にある」という願望があり、余命の力を振り絞って、名号書写を始められました。

30万の犠牲者の一人ひとりに「念仏の六文字」を書き始め、1万人の書写が終わったとき、半年が経っていました。この1万人分の名号一巻を奉じ、30万人の御霊の成仏の役割を果たさせてほしいとの祈願祭が、東京オリンピックの開会式そのときでありました。

このご名号を奉納の後、広島に帰られた正田さんから先代宮司に歌が送られてきました。

大川のほとりに住みて夜よるを
美しと思ふ　生きたかりけり

この後2年半の延命で30万人の名号が完成し、ご昇天になります。この30巻の内10巻が幣立神宮に納められています。

なぜ、この広島・長崎の御霊が幣立神宮に納まったのか、それには西村見暁《けんぎょう》氏との出会いがかかわっています。

西村見暁さんは、東大・インド哲学科を出て、金沢大学で講座を持っておられました。あるとき、新聞紙上に、「聖地を探し、世界中をまわったが、自分が描いた聖地はなかった」という報告文を掲載されました。その新聞を読んだ先代の宮司が、「あなたが探している聖地はここだ」と手紙を書いたんです。

西村先生は、多分いつもだまされるからでしょう、怪しいと思って正田篠枝さんに相談に行かれたそうです。そうしたら正田さんが悩んであれこれ考えるよりも、行って確かめなさいと、こう言われたそうです。それで訪ねておいでになりました。当時は広島からこちらへおいでになるのは大変な旅でした。

先代宮司はこの出会いに心躍り、時を忘れて語り、できる限りの情報提供をしました。境内地を案内してまわりました。東御手洗のところで、心に響くものがあり、自分が描いた場所がそのまま出てきたと、そう言って、一大決心をなさいました。それで全ての生活の場を引き揚げてここに移り住まれたわけです。

人生でこれほど思い切りのいい人は会ったことがありませんでした。金沢大学の先生も辞して、地球家族村を営んで、この地から世界の平和を祈り続けられました。先代宮司と正田篠枝さんとの交流も神の思し召しのまま続きました（『青年地球誕生』参照）。

参拝者の浄財に支えられて修復できた幣立神宮

編集部　一般の人が入れるようになったのは１９９４年からですか。

春木　いや、そんなことはないです。ずっと一般の人も入れるけれど、おいでにならなかっただけです（笑）。お宮というのはいつも開放されています。伊勢神宮も開放されています。お昼なら常時参拝可能です。

佐藤（世界平和道場）　ただ、そのころのここは本当に真っ暗だった。鬱蒼《うっそう》として、昼でも暗くて怖いぐらいだったんです。余りにも大きな木がワーッとトンネルみたいになっていましてね。台風19号のおかげで……。

春木　平成３年（１９９１年）の台風19号で木が倒れるし、お宮はいろいろなところが傷ついて、みんな心配して来られたんです。そのとき宮司が「いやあ、明るくなってよかった」と(笑)。そこから始めたわけです。

矢作　自分で木を切るわけにいかないですものね。

春木　そう。明るくなってよかったと。

修復するときにはお金が要るわけです。お宮の総代さんたちからも、心配していただきました。木を売って云々とかなかなか知恵はありません。うちの家内は、教師を退いて退職金等がありましたので、うちの全財産、家屋敷、退職金、全部使ってお宮を修理しようとしました。最後に全部なくなったら、ここの宮の片隅に住んでお仕えしたらよい、と。

ところが材木を買うのに、ご神殿の周りの板だけで4000万円の見積もり額でした。手が出ない。でも、できるところから始めようと手をかけ始めたんです。そうしたら、崇敬者の人たちが「これを使ってください」「これを使ってくださ い」と、そしてでき上がったのが今のお宮の姿です。貯金通帳と印鑑を持ってこられたり。神様がちゃんとお守りくださるんです。

ほとんど東京の人です。湯川れい子さんなんか、お宮参りに来て、今日いただいた講演料ですと、そのままお宮にご奉納いただき、講演料をポンと置いていかれました。そういう人たちによって支えられました。困ったと言ってスタートしないでいたら、誰も相手にしません。とりあえずやり始めました。そうしたら、その月に払う分だけ神の思し召しをいただくことができました。500万のときは500万、100万のときは100万、支払いの浄財に恵まれました。10年の歳月が今の神社のお姿です。感謝する日々です（笑）。

これが不思議なんです。浄財ですから余分なお金は入らないようになっているのでしょう。月に500万とか払うことがあったんですがちゃんと入ってくる。本当に考えられませんよ。今、500万円欲しいといっても、絶対に入りませんね。でもあのときは、その月に払う分だけご奉納いただき払えたんです。貯金通帳と印鑑を送ってくださるのだから。余ったお金は会計（禰宜《ねぎ》）がちゃんと返しました。これだけいただきましたと言って、その月に払う分が終わったら返します。

このようなときは、奉納者の名前を境内地に公示するのが普通ですが、ここでは神様にお伝えするだけで、了解いただいています。

幣立神宮にいるからこそわかる風土記、神話、歴史の本当の姿――包容力のある日本神道

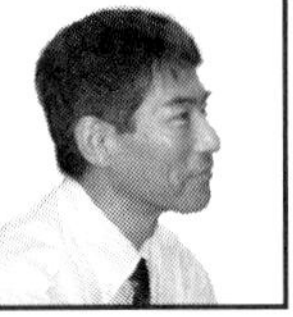

編集部　幣立神宮は、ほかの神社では触れない太古の歴史の話まで含まれていますが、ほかの神社から批判を受けることはないですか。

春木　私は聞いたことないけれど、先代宮司がいるときには、私が神主の会に行くと、時々そんな話が出ました。「とうとうへいたてさんを高天原にしてしまった」とか言われたけれど、私になってからは一切ありません。私自身、神社に貼り付いたように一日中、この境内で過ごしていますので他の神職の方と会う機会がほとんどありません（笑）。神主の会は禰宜と権禰宜《ごんねぎ》に任せていますから。そのほうではどうでしょうか。ただ、私が具体的に聞いたことはありません。

私は、神官としては先代宮司に仕込まれましたので、お宮の境内で過ごすことが多く、そのことでたくさんの示唆をいただくことが多いのです。

ここにいなければわからないことがたくさんあります。「日向国風土記」の「智鋪《ちほ》の郷《さと》」、いくら読んでもここにいなかったら解釈できません。だから学者の先生たちと解釈が違うんです。私は体験を通して理解しますので、地理と史料と人のくらしとが有機的に結びつき、疑問に思っていた神話と歴史、そしてご祭神が語りかけてくるのです。

このお宮では、神世の神々も人格神としてお祀りしてあります。歴史的存在としてのご祭神です。神話の部分が、ここでは歴史として活動し始めるのです。

わが国の歴史教育では、紀元以前を原始時代として区分し、神話の時代を縄文時代、弥生時代として土器、石器によって代用しています。

世界でも最も古い時代から生活用具を開発し、豊かな食文化を生み出していったであろう、私たちの祖先を「原始時代」として表現する歴史認識に疑問をもっています。

この時代こそ、神話として表現された、わが国の文明の創世期として表現することができるのではないでしょうか。

神社に祀られる神々の物語と古典にある神話をこの周辺で考えると、祖先の活動が生き生きと蘇ってきます。

神社のご祭神は創建の歴史によって明らかになります。同じ神様でも神話で始まったご祭神は神話、歴史で始まったご祭神は歴史としてお祀りします。ここは天皇のご祖先としての人格神天照大神様をお祀りしてあります。要するに、ここは現実にお仕えになった天照大神様をお祀りしてあるわけです。天の岩戸からお帰りになって、瓊瓊杵命に国づくりをご依頼された、そのお姿がここのお祭りであります。それは歴史なんですね。

天照大神様にご依頼をされた瓊瓊杵命様がお持ちになったお鏡というのは、天照大神様から離れたわけです。肉体から離れた神様です。幣立神宮の天照大神様はお鏡をお渡しになったお姿の神様です。天照大神様と言えば全てお伊勢さんのご祭神と同じように思いがちですが、天岩戸神社は岩戸にお籠りになった姿で、幣立神宮は岩戸からご帰還になり天照日の大神となられたお姿をお祀りしてあります。

天岩戸の天照大神様は、オオヒルメノミコトとして祀ってあり、まだ天照大神様になられる前のご修行の姿として祀ってあるわけです。そのお姿は永遠ですから。幣立神宮は天岩戸からご帰還になり、ご降臨のご依頼をなさったときまでをお祀りしてあるわけです。天照大神様が私と思ってお祀りしなさいと言われたお鏡が天皇家にお祀りされている天照大神様、だからここは古事記で神話としてお祀りされています。「古事記」や「日本書紀」は天皇家の公文書ですから神話としてお扱いになっているので神話です。幣立神宮では歴史としてお祀りしてあるので歴史です。日本の自由で包容力のある天皇と共に築いた国柄の姿だと思っています。

神社のご祭神は日本の国柄の縮図です。強制がなく、それぞれを尊重され、個性的に輝いています。お祀りするという心が、その神様のご神徳を高め、そこにつながる人々のくらしが神社の歴史を紡いでいきます。先祖代々、その土地に暮らし、守られる日々に感謝し、神様をお迎えしていきました。

神社は個別的で個性的です。神道を多神教と表しますが、個別的・個性的な神社の独立したものの総称が、一神教と比較して多神教と表しているのでしょう。

私たちの神様は長い歴史の中で争いが一度もなく和の国日本の象徴そのものでありましょう。ただお宮を訪ねておいでになる神道人の中にも、一神教の神の如く、神威を語る人にも出会いますが……。

矢作　それはいけませんね。

編集部　ホツマとかミカサフミとか神代文字とかペトログラフなどいろいろありますが、ああいうのはどういうふうに……。

春木　あれも、やはりそれぞれの場所で、それぞれの祭りをしながら書いているわけです。だから個性的です。文字もその地域、地域で生まれています。私は、どれが正かなどの議論は不要と思っています。それぞれの場所で、その時代に生み出された現在へのメッセージと受けとめたいと思っています。

幣立神宮にあるペトログラフについて

編集部　ペトログラフというのは、この神社にも保管されているものなんですか。

春木　私がペトログラフという言葉に触れたのは平成3年になってからです。台風で神社の境内に大きな変化をもたらしたとき、いろいろな研究者の方が訪れるようになりました。

この神社の神鏡は石ですので、研究者の方々は大変興味を持たれました。そのころから境内でペトログラフが発見され始めました。と言っても神主である私どもがそのような理解をしていなかっただけで、遥か太古よりお祀りされていたも

幣立神宮出土のペトログラフを持つ春木伸哉宮司。5500年前のものともいわれている（写真／吉田信啓）

神社の裏手には、そこでインドの行者が修行したとの伝説がある。

のです。インドの行者が3000年前に修行したと言われるところに立札を立てていたら、吉田信啓先生が「ここに何かある」と言って掘ったら、そこから大変なペトログラフが出てきました。

編集部　それは例大祭のときしか公開してないんですか。

春木　ご神体は開示しないんです。ご宝物は開示するんですが、神様に関することは開示しません。なぜかというと、ご神体について開示を希望したり質問されたときにこう言ったんです。

「あなた、あなたの身体を裸になって見せてくれ」と言う人はいないでしょう。ご神体というのは神様の体だから、「ご神体を見せてくれ」というのは、「あなたの裸を見せなさい」というのと同じ意味だから、質問するのは失礼よと言いました（笑）。

ご神体というのはそういうものでしょう。だからどこのお宮も、ご神体については秘であります。ご宝物は展示してあります。

ペトログラフの一つは皆様の目に触れることができます。この石はお宮の横に踏み石として置いてあったんです。専門家の方が探していて、「あっ、これは違う」と言ってよく見たら文字が彫ってありました。

専門家の方によって、踏み石に生命が蘇りました。多くの人が一般公開を希望されますが、生命が蘇ると単なる物として扱えません。注意をはらって対応しています。

編集部　では、ペトログラフはまだ役割のあるご神体ということですか。

春木　いや、それはご神体として扱っていません。どこに置いてあるかは言えません(笑)。この前、細石《さざれいし》を見えるところに置いていたら、1個盗まれたんです。

だから管理の都合上、秘になってしまいます。本当はこの場所にあって意味を持ち、持っていったらただの石です。なぜかというと、お宮のご神体とか神様に関するものは、基本的には木切れであったり石であったりしても不思議ではありません。神社に祀られているものは、全てその意識と共に祀られた心が存在し、その心を留める神聖そのものだからです。

その場所にあってこそ意味があるんです。外に出したら木切れなんですよ。金とかダイヤモンドとか高価な偶像では存在していないのが神社です。

日光東照宮にお詣りしたことがあります。力の背影が滲んでいる神域でした。神社の中でも特別な姿です。逆にお伊勢さんは質素です。ただすがすがしさの中に存在しています。神社の心は清明心、ここに直結する神域の創造が神職の役割であり、そういう趣旨から全てを取り扱います。

国民から献上されたものを とても大事にされている天皇家

春木　日本国民は天皇陛下に献上が許されると大変名誉です。献上の希望が絶えないと存じます。ですから、個人的に希望してもお困りになりはしないかと思います。どんなものだったらお許しいただけるのでしょう。

矢作　金額が高いと絶対お受け取りになられないみたいですね。例えば立派な絵とか、有名な方ご本人が描いて、それを渡そうとしてもダメなんだそうです。某画家の方がおっしゃっていました。

春木　そういう有名な人のは、日本のどこかに展示すればいいのにね。皇室じゃなくて。天皇陛下はそうお思いかもしれませんね。

お菓子とかも、製作者の心の込もった少量ならお受け取りいただけるかもしれませんが、できればご遠慮申し上げたほうがよいかと思います。

各地方が毎年、競って献上品を準備しますよね。献上品は、お米とか地方の特色あるものを心を込めて準備します。陛下はいただいたものは必ず手をつけられるそうです。お米の1粒でも、食事に一緒に入れるとか、心がすごいですよね。

表になってないけれどちょっと聞いたことがあるんですが、いつのころか、天皇陛下が昼御飯に必ず鯛を食べなきゃならない時期があったらしいです。一般庶民からすると毎日鯛でいいなと思うけれど、必ず食べなきゃならないというのは大変ですよね。なぜかというと、国民がみんなめでたく暮らせるようにという意味で、天皇がめでたいというのを実現していかなきゃいけないと、霊能者か何かが言ったんだそうです。それから毎日、昼御飯に鯛が出るようになったそうです。本当かどうかわかりませんが、そういうことを聞いたことがあるんです。多分、本当だろうと思います。何年間か続いたらしいです。

天皇陛下は言葉ではいつも「国民とともにある」とおっしゃいますが、本当に国民のことしか生活の中にないんです。子どものころからそうだから、友達がいないといわれるのもよくわかりますね。尊敬の対象そのものです。

矢作 そうですね。一方に肩入れできないから。

春木 相撲の話があります。

お相撲は日本の国技だったから、天皇陛下はお好きでよくごらんになったものです。どの力士のファンですかと質問された側近の人に、どの力士もすばらしく、好ましく思います、との答えだったと側聞したことがあります。

自分はこの力士が好きというのは言えない。常に公の立場でお過ごしいただいているのが、あらゆる場面で窺い知ることができます。このようなお姿をお気の毒と思うよりも、天皇陛下にありがたいと思うことが大事です。思うことの発想が人の生き方をつくり上げます。

編集部　毎年、四方拝を外で行われるとなると、大変ですね。昭和天皇は晩年までやっておられたそうですね。

春木　昭和天皇は、ご崩御になる前のご病床にお着きになる前の年までお勤めになられたと何かで目にしたことがあります。

先代宮司は、昭和天皇がご病床にお着きになって以来、毎日平癒祈願を欠かしませんでした。

第三章

霊魂の永続性を考えねば病を癒すことはできない

社務所の宝物を案内される春木宮司

GHQが戦後に力を入れた神社や教育の改革、公職追放によって日本は骨抜きにされた

編集部　戦後GHQが日本の道徳教育を骨抜きにした話に関して、医療方面でもGHQにやられたことはあるんですか。

矢作　いや、直接的には基本的にないです。ただ間接的には、いわゆる明治の建国以来、内務省という大きな役所が厚生行政も含めて管轄していたのですが、それをバラバラに解体してしまいました。昔の内務省というのは優秀な官僚が集まるところで昭和13年に厚生省が分離後も内務省は人材を出向させていました。ですので戦後相対的に行政の力が落ちたということはあるでしょう。なお、GHQの医療担当だった公衆衛生福祉局（PHW）は、喫緊《きつきん》の課題であった感染症対策や食料の提供などを行うとともに、行政改革や医療機関の整備を行いました。その中でGHQは、任意加入で自己負担率が大きく、機能としては不十分だった戦前の国民健康保険制度を自治体公営にすることで後の国民皆保険への先鞭をつけました。これらは混乱期の日本にとってはよかったと思います。結局GHQがやったことは「国体」の解体がメインでした。

春木　GHQが一番力を入れたのは、神社の解体と教育なんです。

矢作　神道指令と、それから教育は4つの大きな指令を出しているんですけれども、そういう中で骨抜きにされた。もう一つ大きいのは、実は公職追放です。あらかじめ戦前に調べておいて、実際には25万人、社会の上層部を追い出したんです。劣悪な状態で生き残ったような感じですから、戦後の日本社会の成り立ちにおいては、きついですよね。

春木　公職追放で最も悪い影響を受けたのが、学界と言論界でした。公職追放により空席となった重要なポストに左翼およびそのシンパが就くことになりました。東大、京大、一橋大など日本の主要大学の総長、学部長クラスの多くが完全に左翼、共産主義者によって握られ、今日の諸問題を生み出していきました。彼らが日本中に数多く作られた大学などに教え子を送り出し、教授職に育て、さらにこの人たちがつくった本や試験問題で公務員をつくっていきました。

法曹界・言論界・高級官僚・新聞社・教育界の多くが、この系統の学者に教育されていきました。今日の学校教育の問題もこの延長線上に生まれ、多くの課題をつくり出しているのです。

何といっても歴史教育と日本人的思考文化を骨抜きにし、完全なる反日国家にしようとしたことです。

平成27年2月22日の産経新聞紙上にショッキングな記事がありました。愛知県の一宮市の中学校長の建国記念に関する講話の内容が校長のブログで発表されました。

神武天皇の建国神話、仁徳天皇の善政、そして昭和天皇のマッカーサーとの対面のエピソードなどです。

まとめとして、「古代の昔から、日本という国は、天皇陛下と民が心を一つにして暮らしてきた穏やかな民主主義精神に富んだ国家であったのです。私たちは日本や日本人のことを決して卑下する必要はありません。世界一長い歴史とすばらしい伝統を持つこの国に誇りを持ち、世界や世界の人々に貢献できるよう一生懸命勉強に励んで欲しいと思います」と書かれていました。

この内容に対し、一部の人から教育委員会に対し抗議の電話があり、市教委はそれを受けて、この内容を神話と断ってあっても、部分的に見ると「神話を史実のように断定的に書いている」ということで、校長を注意したそうです。校長はその後このブログを削除した、とありました。

戦後70年、日本の真実を伝えることを否定する流れはなかなかとどまることを知りません。

既得権益と改革との闘いは一朝一夕には終わりません。GHQによって得た思想的権益を行政に及ぼし、わが国の文明の本質までを否定してしまう結果をもたらしています。

神社界もまた既得権を手放そうとしない力によって、遅々として改革が進まない姿を思い、統理としてご覧になったAさんの思いを、矢作先生にお漏らしになったのでしょう。

矢作　Aさんは、中と外のことを同時に理解されているので、お話しさせてもらっていると、いろいろと教えてくださいます。

春木　時々ポロッと話されるのが、ほとんど普通は公にできないようなありがたい話です。先日、伊勢の然る方と旧皇族・幣立神宮崇敬会の役員の人等と、10人ぐらいで食事をしながらお話を聞きました。私たちの目に触れないような資料がたくさんあって、そういうのを読まれたときの話もありました。旧皇族の家には南北朝のころの記録も一般に議論されているものと一線を画すものがあるようです。ある天皇が後世のために残された文書が、保存されているそうですが、私に「これを読みますか」と言われたことがあります。大事なものなのでご遠慮申し上げております。後世に言い伝えたいというのが書いてあるらしいです。

南北朝のことは、学者や政治家の様々な解釈があります。本当はご迷惑なのではないかと思います。皇族の方は内側からご覧になっているので、私たちとは異なった真実を見ておいでになるのではないでしょうか。

　この問題は背後にいる武家の集団の権力争いに振り回された皇室の悲しみが浮かびます。鎌倉幕府の衰退の中で新しい勢力が利権を争って、皇室を分断していったことが窺えます。明治時代に政治家の道具にされた南北朝問題も、内側からの目で見てみることも大切なことではないでしょうか。

要素還元主義に毒された今の医療は霊魂や心の側面を忘れている

春木　矢作先生がおもしろいのは、医療の技術で話しておられないんです。
矢作　現在の医療は十分心に向き合っていないのが問題です。心のほうが本当は影響が大きいということを今の科学で証明できないので、それを直感で感じる人

しか理解できないことが問題なんですよね。

春木　慢性的な膝の痛みなど、西洋医学で対応しにくい症状など、心とバランスの調整など有効ですよね。

矢作　要素還元主義というか、バラバラの部品でできあがったものというとらえ方をしている限りは、どうしようもない。医療というのはさっきも言ったように、国の重要度からいくとレベルが高くないので、その上にあるものというのが多分、国のあり方です。国体とは何かというと、みんなの気持ちの持ち方。

そのみんなの気持ちの持ち方とは何かというと、つまり、霊（魂）・心・体ということを理解して、霊魂は永続するという中で、じゃ肉体に対してどういうふうに働いているかということを理解していくのが我々の医療の基本だと思うんですが、そこが最初からない。

例えば、患者を見たときに、5センチぐらい前まで行って、目はこんな状態で、足の指はこんな形で……と、足し合わせると福笑いみたいになる。そんなようなとらえ方でしょう。それでは余り意味がないので、医療のことはもっとそのもとになるところに注目したほうがいいと思っています。

部分から全体を理解するという発想は、余りにもブラックボックスが大き過ぎる。言ってみたら肉体のDNAだってあくまでも肉体の設計図で、しかもある意味では将来性のわからない設計図であって、その設計図を動かしている要因は何かと言ったときに、当然、自分の体の中では見えない体であり、あるいは見えない体と肉体の連関で起こる精神活動、ストレスや環境など、全部が入ってくる。一番大事な、車で言えばドライバーの話をせずにいる。例えば、そこら辺の車を見て、カローラの何年型と何年型は似ているけれど、運転手が違えば車の走りが違うという話にならないことが問題なんです。

何でそうなってしまったのか。それは心を忘れているからです。心をなぜ忘れるかというと、感性をわざと鈍らすような教育を上手に仕組んでいるからです。

大事なことは、それに気づくことなので、それはそんなに難しいことではない。こういう神社に来て、じっとしていれば、虫の音も聞こえるだろうし、風の音も聞こえるだろうし、湿度の変わるのもわかるだろうし、そうしているうちに、その中に神性というものを感じるはずなんです。神道の浄明正直というのは、多分そういうことも含めて、わかるような心持ちをしてくださいと言っているんだと思うんですね。

春木　先生の本に、震災の後のことが書いてありますね。日本人は、いつもは自分中心だけど、いざというときに、日本人の魂が出てくるんです。阪神淡路大震災のときも同様でした。非常に独特なんです。要するに昔から日本人は、強い者が勝ちという生き方をしなかったんです。普通は強い者勝ちみたいにやっているけれど、何かあったとき、一大事のときに、きちんと本来の魂が出てくるんです。

編集部　危機が来ないと日本人らしくならないのでは困りますね。ふだんから日本人らしくないと。

春木　日常生活は競争の中にあります。歴史は人々を前へ進むように誘います。人の中にある神性は、多分潜在意識として常備されているのでしょうか。その神性を高め、いざという時に高度に現れるよう、時には自らの心身を浄化していくことも必要ではないでしょうか。神社の境内は最高の浄化の場です。神官は神社を訪ねてくださる人のために、清く明るくを旨として環境整備につとめています。多くの人が心を寄せていただくことでよりいっそう輝きを増し、人と神とが共振し多様な日常生活に品格を高めることでしょう。

先の建国記念の校長の講話のように、折角のすばらしい教育を妨げる体制が、いまだ根強いものがありますが、私たちは常に準備して、境内を通して待っています。

話は変わりますが、最近がんを患って、落ち込んでおいでになる方が目立つようになりました。今は国民病と思えるように、この話題が行き交います。私の役割は落ち込んだ人、その家族を元気づけることだと思っています。「今はがんは治る病気でしょう。国民の2人に一人と言いますから、風邪と同じでしょう」などと申します。「勇気が出ました」という、明るい顔を見るよろこびを感じています。

編集部　北海道の夕張市が財政破綻したときに、地域の医療も崩壊してしまった。けれど、逆に生存率が向上したそうです。夕張市の人たちが医者任せにせずに、自分で自分の体を守るようになった。ある医者がそう話していました。

春木　依存する人は自己回復力を劣化させます。夕張が変化したのは、自立した精神を取り戻し、感謝と精神の活性化によって、肉体が目覚めたのでしょう。治らない病気になったときは、その状態が健康です。

「どっちみち治らないのなら、これが健康だ」(笑)。

治らないものは治らないと自覚して、健康に暮らして豊かに人生を全うしたいものです。

矢作　フローレンス・ナイチンゲールの看護の基本の本がありますよね。あれを読むと、一番最初のところに、精神という言葉でいいと思うんですけれど、そこをちゃんとするために環境を整え、看護があるということが書いてある。もし心がどこかに行ってしまっていたとすると、それこそ看護というものを最初に近代科学化したフローレンス・ナイチンゲールは残念に思うでしょうね。ナイチンゲールはクリミア戦争のときに、円グラフを発明して傷病を統計処理したので有名です。

イギリスのエネルギーヒーリング、イギリス医学協会が認めた医療現場での霊力

矢作　医療の現場でも心を外しちゃうと、効率は落ちてしまいます。

イギリスだと60年以上前に、エネルギーヒーリングで「ブリティッシュ・メディカルジャーナル」というイギリス医学協会の機関誌に取り上げられているんです。ディバインヒーリング（神の治療）ということで、そういうところを取り上げて、その後に、一部保険診療に組み入れられています。向こうから見ると、日本は半世紀以上遅れていますね。

今世界を動かしている人たちというのは、一つは物すごく頭がいい人たちですけれど、もう一つは霊力を引き継ぐ秘儀をちゃんとしているといいます。そういう人たちの一部がイギリス王室でもあるわけで、その中でエネルギーヒーリングも当然、彼らの体というか個体を維持するためにずっと昔からあるものが使われているそうです。

ただ、言えることは、わが国はいわゆる見えない体、エネルギー体としての個性というのを公に認めていないということです。

もうちょっと言うと、例えばオリンピックの競技でも、ある国ではその国の選手団を守っている霊能力者がいるわけですが、日本は裸で戦っていますね。

今でもカソリックはエクソシストを各管区に配置していて、ひどい霊障がある場合はエクソシストをそこに派遣して、ちゃんと除霊するというシステムをずっと昔から今に至るまで維持しているわけです。

天皇陛下が巡幸された場所は浄化されている
——霊の存在を当たり前に理解することが大事

矢作　東日本大震災のときに、現地に行くと、私もそうなんですけれど、ある程度霊感のある人だとわかると思いますが、除霊されてないところがある。天皇陛下が行かれたところは浄化されています。そういうところとそうでないところがまだらにあるんですよ。

　そこで日中に半物質化している未浄化霊を見ている人がたくさんいて、人によっては憑依されてしまう。憑依されているということがわかった親族たちが、患者になっちゃった人を例えば山形県の月山に連れてくる。修験道だから審神者《さにわ》と霊媒がいないので、祝詞で無理やり剝がすから結構大変です。エクソシストと一緒のパターンなんですが、そうやって外して、元気に帰っていく例があると伺っています。そういうことが当たり前として理解されないと、現象が少なからず見えなくなってしまうのではないでしょうか。

編集部 気持ちが悪い別の話ですが、日本だけじゃなくて今、小さい子どもがどんどん蒸発している。タイで19人だか子どもをつくっていることも何か裏があるんじゃないか。

矢作 いくつかあって、一つは異次元に飛ばしてしまっているのではないかと思われる場合もありますよね。この間のマレーシア航空の事故は、実は異次元に飛んでいるのではないかと思います。1機目のほうです。

というのは……、当たり前のことではないかと思うのです。例えばＵＦＯについて言うと、真冬の富士山頂上空を飛んでいたものでは、偏西風で頂上の雲が東に向かって炎のように激しく飛び散っているのに、まるで静かな湖面上空を飛ぶように全く揺れずに悠々と旋回していました。このような飛び方を見ていると反重力によるものではないかと思われます。

一方、ある山中で見た大きなＵＦＯは、山の頂上でいきなりオレンジ色に発光したかと思ったら、そのままフッと一瞬にして上方に向かって消えてしまったところを見ると反重力で飛び上がったというよりは、いきなり次元転移したのではないかと思います。

春木　話は変わりますが、最近の「子どもをつくる」という言葉がよくないね。つくったら、壊しているじゃない。

矢作　さすがです。人間は物じゃない。

春木　あれは「つくっている」から問題なんです。要するに、人に産んでもらうのはつくっているわけです。子どもは神様からの授かりもので、つくるという感覚はありませんでした。

医学が進むことによって、神秘性をなくし作品化しています。自分の物として扱っているようで、子どもを肉体だけの存在として認識しているのではないでしょうか。霊・心・体が生命の存在そのものであることを忘れている現象として、子どもをつくる作業を行っているのではないでしょうか。

矢作　心の問題ですね。

心の問題については、ＧＨＱというよりは、本当は明治維新からと言ったほうがいいと思うんですね。

もともとの天皇というのは、天皇になられるときに、神事でもって神々・天皇霊とつながる力を実際に得ていたわけです。天皇というのは何かというと、いわゆる霊能者として高天原の神とつながって、その意識を国民と共有する。

それと同時に、俗信的なところは明治5年に全部廃止されたけれど、巫女集団がいたんです。そこが俗事は全部受けて、除霊したり、吸収したりしていたわけです。そういう霊的な仕組みだったのを、明治政府のときになくしてしまった。

それが基本的には大きいですね。

春木　秘事として、体験的に受け継がれていることが、たくさんおありだと思います。記録として残さないものは一度壊すと復元できなくなりますね。

矢作　結局、口伝ですからね。大事なことは口伝でしか残らないから。

第四章

「アセエホレケ」ともに集い祈り、額に汗して働こう！

神社の裏手にある東御手洗を参拝する矢作氏。

神代の昔、瓊瓊杵尊（ニニギノミコト）は東御手洗のご神水で全国の主要地を浄め、
中国の始皇帝は不老不死の霊薬をこの神水に求めたという。

人間は霊・心・体のバランスで生きている
――「いのち」を肉体にだけ特化してしまう現代社会

編集部　矢作先生はどういうきっかけで肉体より魂の側面に注目するようになったのでしょうか。

矢作　改まって聞かれるとちょっと困ってしまう部分もあるんですけれど、一つは、現場で患者さんなり家族なりの移り変わりを見ていると、古来、我々が親から教わったようなこと、つまり、霊・心・体のバランスで人間が生きているというごく当たり前のことが、当たり前でないような人たちがだんだんふえてきている。それが全く意識していなかったことを、あえて意識しないといけないようになっているのかなと思ったのがきっかけです。

理屈で考えるだけではわからない部分があるということが理解できないと、なかなか物事がわからなくて不自由じゃないかなというのが感じるところで、それを何とかしたいと今思っています。

春木　私の中のお医者さん像と全く違うので、驚きと感動で満たされています。

今日、社会全体が、「いのち」を肉体に特化して議論しているように感じています。本来、肉体を支配している力は霊・心にあります。

霊に従う心が人を豊かに導くはずですが、今は子どものころから肉体に従う心を育てようとしています。「いのちを大切にしよう」と言う言葉の中に霊・心が含まれない、唯物的なものを感じます。

健康な身体《からだ》をつくる食事が学校でも社会でも語られます。そのほとんどが栄養とカロリーに特化されています。

戦前まで、言葉の作法、礼の作法を重視していました。子どもたちは素直に美しい道に進みたいのに、学校や社会が横道に引きずり込んでいるように思います。

人は皆、美しく成長したいと願っています。人としての心の作法（言葉・礼儀）を身につけることによって体を美しく導いてくれます。

しかし、生活の中で、つい見失いがちになる心の作法を取り戻すために、先人たちは神社に足を運び、祓い清めていったように思います。

最近子どもが親に対し丁寧な言葉が使えなくなり、尊敬のない親子になっています。親を尊敬しない子どもは、自分を粗末に扱います。美しく成長する言葉、礼儀の作法がバランスよい人を育てるように思います。

霊・心・体は、地域の伝統のお祭りで培われてきたが、減少している

春木　今の子どもの活動は全て学校単位ですので、子どもに祭りに参加していただくには、学校と相談しなければなりません。全て管理されての活動ですので時

間を区切りその整然としたものです。送迎も学校単位です。博多どんたく祭りには教育委員会が主導して参加者を募集しています。

矢作　観光化しているということですね。

春木　そうです。田舎の祭りは、都会のお祭りみたいなおもしろみがだんだんとなくなってきていますから、子どもたちも接触が少なくなってきましたね。

矢作　ある程度青年人口が減ってしまうと、そういう現実的なところが困るということですね。

春木　大人が担ぐおみこしも、昔から厄年の人たちが担ぐということにしていたんですが、厄年の人が3人ぐらいしかいない（笑）。だから担げなくなってしまいました。その次の厄年は60歳だから、その人たちは体力的に難しく、さらに以前のように進んで祭りに参加する地域との結び付きが希薄になり、情報の共有化が難しくなりました。みこし等は若くて勢いがないと担げないです。今の田舎のお祭りは、少しずつ形が変わってきています。

矢作　魂というところをことさら強調しなくてもいいんでしょうけれど、霊・

心・体というか、人間を1個のものとして見るときに、理屈で説明するよりも、そういう伝統の中で自然に培われる部分が相当強かったと思うんです。そこの再興と言うと変ですけれど、もう一度一般化をより強くしていく工夫が必要ということなんでしょうかね。

春木　伝統的なものを再興させようとするとき、子どもは学校の考え方ですべてが決まります。以前のように家族で祭りに参加することが地方ほど少なくなりました。

矢作　そのぐらい構造的に厳しいところまで来ているということでしょうか。

春木　田舎ほど難しくなっています。よく限界集落とか言いますが、私は77歳ですけれど中堅です（笑）。おもしろいのが、ここの小学校は全生徒で20人ぐらいしかいなかったんです。毎年敬老会があるんですが、案内状を出すのに300ですよ。それも75歳以上です。普通、敬老会というと60歳を超えたらでしょう。ここは最初60にしたら多過ぎて、65にしても多過ぎて、今は75歳です。

矢作　里帰りしてみこしを担ぐというようなことも、なかなか現実には難しいですかね。

春木　里帰りする親がいなくなっているんです。

矢作　深刻ですね。深刻であると同時に、前向きに考えないといけないことですね。

春木　よく後継者がいないと言うんですが、いないんじゃなくて、後継者をいないように自分たちで育て、送り出してしまっています。愚痴を言っても仕方がないのです。

後継者がいないというのは、都市中心の産業構造になりましたから、若い人は田舎から出て行きます。農業でいくら努力しても、都市に行った若い青年の1年間の所得に追いつけない現実が続きました。そういうのが長く続きましたから、若い人がいなくなったんです。

春木　都会から移り住んでくる人もいますけど、仕事をつくる能力がないと、破綻してしまいます。仕事はないかと尋ねる人がいます。「田舎に来るなら、自分で仕事をつくって、自分で仕事を持ってこないと生活できませんよ」と答えています。

矢作　ということは、かなり広い範囲でものを考えないといけないということですね。つまり、生きていくためには経済活動が事実上成り立たないといけないし、そのための魅力があるような経済の仕組みが必要でしょうし。非常に広い範囲で、いろいろな層で考えていかないといけないというところですかね。

春木　農家の主婦に協力してもらって、魅力を発信しようと努力しているグループがありますが、活動の原資が補助金頼りになっているようです。したがって、継続的に事業として発展するまでに道のりは険しいようです。

子どもの教育環境も、地方ほど学校への依存度が高く、文化継承が地域社会の伝統として回復するには課題山積です。

いいものより安いものが売れる時代
——環境が第一、医療はあくまで補助手段！

矢作　今、産業構造を戻すというのは難しいでしょうけれど、実際に農業をやろうとした場合に、可能性はあるんですか。

春木　ここは小規模が多いですからね。ここ山都町は湧水地帯で、田んぼは自然の棚田です。残念ながら活用されていない田畑をあちこちで目にすることができます。この中でも有能な人は個性的な経営をしている人がいますが、地域への広がりを生じていません。

矢作　今の日本の産業構造を考えたときに、一番悪いのは、新古典派経済的な市場が全てという理屈で、そうすると究極は安かろう、悪かろうになってしまうわけです。その安かろう、悪かろうの中で、本来の魂が入っているものとそうでないものというような言い方をすればわかりやすいと思うんですけれど、いいものも悪いものも、同じような見かけだと安いほうに流れてしまうわけです。例えば、アルミの鍋だったら、品質が日本製とほかの国製ので違っても、見かけが一緒であれば、当然安いほうを買ってしまうわけです。本来、日本製と外国製だったら、良質な日本製を買おうという文化があればいいんですけれど。

食べ物もそうで、今海外だけじゃなくて日本国中で偽装問題とか、そういう魂を売っちゃったような文化になっていますよね。少しずつなんですが、安かろう、悪かろうから脱するために、自分も少し貢献したいと思っているんです。

多分、こういう地域が生き残るには、地域のよさを、よさとして認められるような価値観をみんなが共有しないといけない。そのためには、おいしくて安全なこういうところの米が、それこそ毒の入った米と極端に言えば10倍価格が違っていても、飯を食べる量なんて何倍も違うわけないので、多少減らしてでもそれを買おうという文化ができれば本当はいいんでしょうけれども。

我々の子どものころは、当たり前のように安かろう、悪かろうと言われて、安いものしかなかったら買うなと教わったわけですよね。我慢する。食い物だったらそうもいかないでしょうけれど、それにしても安いものは安いものでしかないというところがあった。

食べ物も、今のようにこんなになっちゃうと、物すごく重要な感じがするんですね。だからそういう中で、何とか安かろう、悪かろうをやめましょうというようなことを言いながら……。

春木 今、都会から若者が結構来てくださっている。それに気づいている人たちです。例えば、お米一つとっても、大体13回ぐらい消毒するわけです。この近くは多くても2回。普通の人はほとんどしないです。高冷地ですから収穫量は少ないけれども、病害虫が少ないんです。だけど農協に出すと、同じ値段になっちゃうわけです。

矢作 やはり、農協が、日本の農業の活力を失わせている側面もある。

春木 一時、農薬問題で騒いだ時代がありましたね。そのとき、ここの青年の人たちがある団地で野菜の販売を行った。こちらは無農薬です、こちらは農薬を使っていますと出したら、無農薬のほうが残ったそうです。

矢作　見かけとか。

春木　見かけとか値段。みんな頭ではわかっても、実際手を出すときには、安物と、見た目の美しさに手を出すんです。

矢作　多分頭で理解することと、本当にわかることは雲泥の差があるということなんでしょうね。

春木　行動になるには、頭でわかっただけではダメで、知識で終わってしまいますね。

矢作　自分で命を守るという意識がないまま医療なんかやっていても、結局モグラたたきなんですよね。いい意味で、日本が昔みたいに自然とともに、自然の中で自分を大事にして生きていくという、生きることへの真剣さを価値観として意識しながら生きていくということをしていかないと。

「衣食住医」とよく我々は言うんです。

衣食住に医療の医をくっつけた。順序としてそんな程度だということなんです。やはり重要なことは衣食住だと思うんですね。

環境が第一であり、医療はあくまでも補助手段。

全てバランスよく認識していかないと。今の西洋の医療というのは、迎合とは言いませんけれど、今の人の意識レベルには合っているんでしょうけれども、はっきり言って、過渡期としては的外れなところがわかるだけにつらいところです。

最良の健康法は健康のことを考えないこと、病気を意識の外に置いておこう

春木　日本人の知識レベルは高く健康への関心も高いと思います。学校給食の食材選びも、地産地消が叫ばれますが、安定的に供給するには、仕組みが必要です。

現実は知識と行動が結びつかないという現実があります。また、手に取る野菜も見た目の美しさについ手が出てしまいますね。

矢作　整形した美女のほうが、心根のいい女の人よりもいいという価値観ですね。

春木　大分にも一人、野菜を無農薬でつくっている人がいます。大根とか、人の足ほど大きいんですよ。でもどこにも買ってくれるところがないんです。その人のよさを知っているホテルとか病院とか、そういう個別の契約じゃないと売れません。だからいつも苦労しています。お祭りのたびに、段ボール1箱、野菜を奉納してくださるんです。

みんな命のことを議論はするけれど、行動はしないです。そこが今の日本の問題だと思います。

編集部　どうしたらよくなりますかね。

矢作　上杉鷹山が、死んだような状態だった自分の米沢藩を興すときの話を思い出します。鷹山が初めてのお国入りの途上、ちょうど板谷峠を越えるときに火鉢の中にちょっとだけ火があったそうです。それを見て、どうやってこれから火をおこしていくかというのですごく悩んだというのが今、ふっと思い浮かびました。ただ、諦めずに、いろいろな発信を繰り返し繰り返しやるしかないと思っています。

春木　日本人はみんな知識は持っていますからね。知識を行動にするにはどうするかが一番なんです。

矢作　自分みたいな者が言うのも僭越ですけれども、見苦しい姿を見せざるを得ないと思うんです。「私ももうすぐ60歳ですけれども、元気にやらせてもらっています」というようなことを言っていくことなのかなと思うんですね。

つまり、極論すればなんですが、「衣食住医」を心がけて、病気なんかは最初から意識の外に置いておけば、病気にはなりにくいんだろうと思っています。

健康法は何ですかと聞かれたら、「健康のことを考えないことだ」といつも言っているんです。そういう中で、自分の姿をさらしていくのも一つの手かなとは思っています。

世の中で役に立とうと思えば、健康は自然とついてくる
——自分の健康祈願という発想を見直してみよう

春木　もう7年ぐらいになりますが、70歳ぐらいのときに赤坂で、ここにおいでになるある殿下と私と、それから水泳の元オリンピック選手と、6人で焼き肉を食べながら話したのは、「健康を考えて健康食を食べた人は、みんな亡くなってしまいました」(笑)。暴飲暴食した我々だけが元気だと。私たちは70歳で肉をいっぱい食べて、酒をどんどん飲んでいます。1人平均4～5合飲むんですよ。そういうメンバーです。

矢作　好きなことをすればいいということですよね。

春木　健康のために病気になっているんです。そのくらい健康のことを考えるんです。
私は時々、偏った食事の勧めという話をするんです。何かというと、牛は草を食って脂を出す（笑）。牛は草を食って牛乳を出すわけでしょう。体は脂だらけになっていますね。人間も内臓がしっかりしたら、季節物を偏って食べたら、健康になれるんじゃないかなという話を時々するんです。
食べたいものをたくさん食べたほうがいい。小食になるとエネルギーがなくなるんですよ。

編集部　矢作先生は、健康のためには健康のことを考えないと言われました。自分でやるべきことが見つかって、それに集中して熱中していれば、大丈夫ということでしょうか。

矢作　ちょっと表現が難しいんですけれど、何かの序列をつけているわけではなくて、結果として調子の悪いことはもちろんあっても、そこを余り気にしなければいいと思っています。
だから、食べ物の好き嫌いとか、食べる食べないはあるけれど、それもどうでもいいことで、ふだんは何も考えていない。それこそ寝たいときに寝て、食べたいときに食べて、全く何も考えないというような感じですね。

春木　お宮では健康祈願がすごく多いんです。「あなたは不健康ですか」と質問するんです。病気になったとか、がんと診断された人は心理的に切迫したものがありますので、共感をもって対応します。ところが、健康上問題がない人も健康祈願に来られる人が絶えません。健康不安の人がすごく多いのです。

「家族が健康で神様に御礼に来ました」と言う人が少なくなりました。健康不安から健康を目標にする人が多く、精神的に追い詰められています。御祈願に入る前に2~3分間健康と人生について言葉を交わすことを心がけています。「世の中のために役立っていこうという目標をつくると、健康はついてくるんじゃないですか」と言って、お祈りの仕方、世のため人のためになるようにというお祈りの目標を皆さんと共有します。健康祈願というのは目的が閉じているわけです。開いた目標にしないと、健康が生きてこないと思っています。

編集部　健康という発想自体が自分のためだけというところに閉じていると。

春木　不安が先に来ているわけです。病気になるかもしれぬとか、がんになりはしないかとか。そういう不安があって家族の健康を考えたら、いろいろなことが不安からスタートしてしまう。何か違うような気がする。

矢作　余り考えなきゃいいんですよね。

春木　もっと前向きに生きていくことを考えると、健康はついてくるような気がするんです。病気になったときに考えればいい（笑）。行政からは検診の誘いが毎年あります。不安の生産拠点ではないかと思うことがあります。

私は胃がん検診には行ってないんです。学校に勤めているときも55歳を越えたら行かなかった。校長は行かないと行政指導があります。バリウムを飲んでのX線検診です。あれを飲むとすぐにおかしくなるんですよ。体調が悪くなり苦手でした。できるだけ回避するように努力しました（笑）。退職した後17年間、検診には行っていません。なぜかというと、体調が悪いと掛かり付けの医者に診ていただきます。このとき、検査もしていただきますのでその医者との信頼関係で不安が全く残りません。

病気になったらお医者さんを信頼して任せることが大事です。今は最初からただ依存するから不安が解消されないのです。信頼して任せることで、不安を持ちながら依存しないことが重要で前向きに、世のため人のために活動する意欲が健康をつくると思います。

病気は霊・心・体の不調に気づくきっかけになる
——よりよき方向に変えてゆくチャンス

編集部　いったいなぜ肉体的な病気というのが存在するのでしょうか。

矢作　霊・心・体の不調という形で出てくるのに、理由はもちろん多々あるでしょう。

いずれにせよ、例えばカルマみたいなものだと治らない場合もあるでしょうけれど、それはそれとして、そういうことに気づくためのきっかけですよね。だから結果として出てきて、それが気づきのもとになればいいわけです。もちろん、肉体側からしかそのもとを想定できないので、難しい面はあるとは思うんですが、きっかけとして気づきになればいいかなという気はします。

例えば、仮に酒を飲み過ぎて肝炎、肝硬変になったとか、あるいはたばこの吸い過ぎで慢性閉塞性肺疾患になったというのであれば、当たり前でしょうけれど、どこかでやめようという気持ちになるかどうかですよね。

つまり、借りた肉体をいたわろうという気持ちが起きてくれれば、そこを治せるきっかけになるでしょうし、例えば心の病みたいに、人によってはそこで病気に逃げるというのが動機になっていることもあるでしょうし、いろいろだと思うんです。それをいいと思っていたら多分そのままでしょうけれど、これはいけないと思えば、ハッと気づいて変えることになればいいですよね。

原因はいろいろあるので、我々もそうですけれど、必ずしもわからない場合も多々ありますが、よりよき方向に変えていくことしかできないので、そういう意味での気づきになればいいのかなという感じがします。

もっと言うと、加齢と病気の境界線というのは非常に難しいので、そこも含めて今の西洋医療でカバーできることと、全く違う観点からの代替医療なんかも組み合わせてやっていけばいい。

いったん、霊・心・体の不調が起こると、肉体が調子悪くなる。肉体を戻すと、霊・心・体の霊・心の部分がつられてよくなるということも多々あるので、どこを治してもいいから、そうやってバランスよくもとに戻るようなことをしていけばいいのかなと感じるんですね。

あとは、ちょっと表現が難しいのですが、一般にメディアを使うと非常に真実が伝わりにくいんですが、それこそ魂は何ですかとか、基本的なことを聞かれたときに、常識でしょうと突っぱねるのではなくて、それを見える形でいろいろやらざるを得ないかなという感じはちょっとしているんです。

魂は歴史が生み出した日本人的な国民道徳
——徳は得なり

春木　私は、魂のことを、歴史が生み出した日本人的な国民道徳だと思っています。

国民道徳が魂で、魂に心が従うことで、美しい素敵な人になっていくと思います。国民道徳をわかりやすく書いたのが、江戸時代は武士道とか、商人の道、農民の道といった、それぞれの立場での人生訓みたいなものではないでしょうか。明治時代は教育勅語で語られ、教育の指針となりました。私はそういう道を求めることによって、魂の本質につながっていくのではないかと思っています。

興味深いのは道徳性が豊かな人ほど豊かに暮らしている。徳は富を生み出していくかのように思えます。経済は生きる手段でしょうが生きるために必要な目標でもあります。徳は得なりです。国民道徳を一言で言うと、世のため人のために役に立つ人生を歩くことです。これが富と健康の源泉です。

学校では道徳教育は賛否の議論で効果的に行われにくい状況がありました。豊かに生きる道が道徳です。残念です。

道徳はきれいごとを学ぶものではありません。生の人間の葛藤や成功のよろこび、挑戦する人の姿を通して学ぶ、伝記みたいなものが心を動かしていくように思います。

時代の変化に埋もれず伝えられた神道
——神を敬い、清く明るく正直に

矢作　魂というか、見えないほうの体というか、本来の存続する個性というものを、例えば神道ではまさに祝詞でもって具現化できる部分があるじゃないですか。あの辺が余り強調されないというか、神道的には強調しないものなのでしょうけれども、我々少し離れたところから見ている人間からすると、そこがもうちょっと世間に伝わってもいいのかなという感じがします。

春木　神道関係者というのは、言葉で語るより、自らの清明心を神社の境内、生活の中で実践することに主眼を置いています。「言挙《ことあ》げせず」を実践してきました。神に仕える姿を通して、神様が人々の魂にその精神を運んでいただく、そのような行動を通した伝言を重要視してきました。情報化が進み、知らせるという役割も大きくなってきました。神道でも今悩みながら方策を練り、実践していきます。

矢作　本質というのは変わらないものなんでしょう。けれど、お釈迦様の「人を見て法を説け」ではないけれども、本質は変わらないまま、本質を伝える外側の部分は、その時代の人々の意識レベルによって多少変えていくというのがないとちょっと厳しいのかな。

今の仏教が廃れた一つの理由にそれがあるような気がするんです。お釈迦様の言っていることをそのまま言葉としてあらわさなかったから、第一結集《けつじゅう》まで口伝で100年以上も引っ張って、その後、覚えている人たちがそのまま言葉にしました。結局キリスト教もそうでしょうけれど、仏教も、お釈迦様の意識を正確に伝えらず、その時・その土地そしてその民族によりいろいろな分派ができてしまいました。

そうこうしているうちに、お坊さんたち自身も、霊力がないという中で、普通の人と何ら変わらないから、一般に仏様の本当の意味での教えを伝え切れなくて、廃れている部分が多いと思います。

おそらく神道の場合のほうが、明治の教派神道ができたときもそうでしょうが、幸いにも高次元とつながっていろいろなことができた人たちが教えを広めている部分もありましたよね。ある意味では、国家神道に埋もれないで古神道を伝えている部分もあったと思うんです。

ただ、今の神社本庁のAさんじゃないですけれども、悩みながらも、既得権とぶつからないようにしながらも、相手は一般国民なので、そこのところでの工夫というのは現代的にもっとしていいような気がするんです。

春木　神道の特色は、神官が1000人いたら、1000人分の神道がある。

清明心を日常に生きることです。とにかく清く明るく正直に。これが原則です。そのために自分自身を訓練するし、神様と向き合っていくというのが神道なんです。あとの内容は、全てそれぞれの神官に任せてあるわけです。一人ひとりの神官の神との向き合い方に全てがあります。

その中で、一つだけ共通して私たちがやっているのが「敬神生活の綱領」です。

「神の恵みと祖先の恩とに感謝し、明き清きまことを以って祭祀にいそしむこと」

「世のため人のためにに奉仕し、神のみこともちとして世をつくり固め成すこと」

「大御心《おおみこころ》をいただきてむつび和《やわ》らぎ、国の隆昌《りゅうしょう》と世界の共存共栄とを祈ること」

教義といえばこの3つです。そこから自分で考え行動することです。

矢作 やっぱりお一人おひとりの神官の方の、裁量にまかされているわけですね。

春木 そうです。だから、一人ひとりの神官の神様との向き合い方、学び、そういうのが参拝者に大きく影響してくるわけです。

天皇家の魂の永続性——血筋よりも大事な霊統

矢作　いろいろな宗派の僧たちと接触する機会があると、私もずけずけ言うほうなので率直に聞くんですけれど、結局、頭で理解しているようなんですよね。それだと言葉に力がないように思われます。

　戦後GHQに11宮家が臣籍降下させられたのを、もう一回建て前どおり戻したとして、11宮家はもうないですけれども、男子のいる6宮家を戻したらどうですかと元皇族の家の出身の方に聞いてみたんです。

　そうしたらこう言いました。

「自分の代より上の、さらに昔の代のほうが、教育も厳しく、自覚を持つように育てられた。その中で社会意識もある人や、自分を滅するという皇族らしい魂が乗っていたと思われる。だけど今の若い元皇族の人たちは、そういう意味ではそうであるかわからない。だからそういう人たちがもう一回宮家になったとしても、国民の尊敬を得られるかどうか、自分には自信がない」という言い方をしていました。

つまり何が言いたいかというと、血筋が続いたとしても、その時代その時代によって、本人たちのありようによって、転生してくる魂がだんだん一般化してしまったりすることがある。本来、例えばチベット仏教のダライ・ラマみたいに、日本で言えば天皇霊みたいな法王の魂が乗ってくるときに、短い間を置いてすぐ転生を繰り返すというのは非常に不思議な気がするんです。そういうものを続けていかれるだけの魂の輪廻があること自体がすばらしい。

日本の場合、国体として一番危ないのは、天皇霊が乗れる肉体がどこにあるかといった場合に、血のつながりで保証できなくなったときに、国民がどういうふうにそれを考えるか。それが今すごく大きい問題だと思うんです。

そこのところの仕組みをまさにＧＨＱが非常に巧みに壊したわけです。

春木　生まれよりも育ちというんですね。しかし、生まれも育ちも天皇家や宮家です。いい魂が乗っていないというのは、魂の本質を理解していないからではないでしょうか。皇族や宮家の子孫に国民の尊敬を得られる魂に乗っていただくには、国民が支えることによって、高次の魂に蘇ります。

皇室を守るのは国民の責任です。わが国は天皇と国民が守り育てたのだから、天皇家をきちんと守るという国民意識をつくっていけば、天皇家にはおのずと魂が蘇ってくると思っています。

今日の国民世論は「開かれた皇室」といって民間と同じようにしようとしているでしょう。開かれた皇室とか、一見親しみのある国民と皇室を求めていますが、本当にこれでよいのでしょうか。開く必要はないんじゃないですか（笑）。

開かれた皇室というのは、マスコミが自分たちの利益のために言っていると私は思っています。皇室は雲の上でいいんです。

矢作　当然です。

天皇の藩屏となる人がいない悲劇
——東日本大震災のとき、陛下に情報が届かなかった

春木　現在、天皇家の管轄は宮内庁です。

矢作　今、そこが一つ問題で、これも実に上手につくられてしまったというか、やられちゃったように思います。

戦前の宮内省を解体したときに、宮内庁というのは省が落ちて庁になったわけですが、もともとの宮内省は全く独立した役人組織で、極端に言えばそこで閉じていて、ずっとお勤めできたわけですが、今は普通の役所と一緒で回しです。今の宮内庁はただの公務員になってしまっていないか案じられます。

結局、本当の意味での天皇の藩屏《はんぺい》になる人が今、どれだけいるのでしょうか。

〝暫定基本法〟と私は言っていますけれども、現代の日本国憲法の中で、天皇大権がなくされてしまった時点で、例えば戦前の内大臣、政治もかかわってしまうところが問題でなくされたわけですが、そういうようなものもありません。

それから戦前の宮内省であれば、その中で本当に天皇を支えようとする仕組みがあった。つまり宮内省は独立ですから、当然その中に宮中祭祀を担当する神官や女官さんたちも含めてみんないて、いわゆる天皇陛下のお金で雇っているわけじゃなくて、国の仕組みだったわけです。

ところが今はそうなってなくて、単純比較はできませんが、戦前の約6分の1の職員と、あとは天皇が私費で雇っている人たち（内廷の職員）というような区割りになっている。しかも役人のほうも、上は回しです。

私が一番問題にしたかったのは、2011年の3月の震災のときに、当時は民主党政権だったからそれも問題なんですけれども、3月11日の夕方に非常用電源まで含めて福島第1原発の電源が全部飛んでしまったという時点で、原子炉を設計したり施工した経験のある人だったら、1日後には必ず中の冷却水が沸騰して、

世界を震撼させた東日本大震災と福島第１原発

国民の安寧を常に祈られている天皇陛下

内圧が上がって回路のどこかが爆発するというのは予見できたことです。少なくとも稼働している3基と、稼働をやめて燃料を外してプールに貯蔵していた4号機がある中で、うっかりすると東日本が人の住めない所になるかもしれないような放射性物質の飛散ということが予見できたわけです。

そのときに、言葉は悪いですけれど、民主党の国会議員たちは当てにならないとしても、例えば従来の政権党の自民党の国会議員が、天皇陛下にそういう情報を上げていたかというと、上げてなかったんです。これは私が直接、宮内庁関係者に経過の中で確認をしたんです。

とにかくそういう情報を早く上げてほしいと言ったら、天皇陛下のほうが遥かに英明で、我々が心配するまでもなく、天皇皇后両陛下は発災したその日から、ずっとテレビをごらんになられていて、テレビはかなり情報操作をしていますが、それでも15日の段階で、実はお言葉をもう用意されていたそうです。それで16日の夕方に、ああいう形でビデオによるお言葉を述べられたわけです。あれを全く天皇皇后両陛下だけでやられているところに、ある意味、この国の本当の危機があると思うんです。

やはり国家反逆罪がないのはいかがでしょうか。本来だったら、少なくとも天皇陛下を置いて家族なり自分が逃げたような政治家なんて、みんな処罰されても文句は言えないと思いますが。

そういうことが何事もなかったかのように続いていること自体も、はっきり言って日本という国は、ある意味では危ないというかまずいですね。

春木 それと同じようなことが、『外務省の罪を問う』という本に出ています。

矢作 外務省は外に勤める省だからしようがないでしょうね。

春木 パールハーバーのときも、担当者が全然責任をとらずに事務次官になっているしね。

矢作 万が一責任をとったら、役所として成り立たなくなります。だから最初から開き直るしか彼らには手がなかったわけです。

春木 どこの役人も、あれと同じことをしているんです。宮内庁の役人も同じことをやっています。本当は宮内庁の長官と同列か上位に、宮家の人たちを置けば、皇室への向き合い方が違ってくるのではないでしょうか。宮家の人は、天皇のことを考えお仕えし、宮内庁の人は、行政の立場で行動しているように思えます。

矢作　やっぱり戦前の仕組みの中に答えはあると思うんです。

春木　そうです。旧宮家の人たちを宮内庁の重要なポストにつけて、侍従にも置いておけば、多分、皇太子様とか皆さんの教育もいい方向に入っていくと思います。

矢作　一番手っ取り早いのは、今の〝暫定基本法〟を、ちょうど1972年の日中国交回復なるときに日華平和条約を1日にして破棄したみたいに、「幸いにも独立したので、これはきょうをもって破棄します」と言えばいいわけです。そして、その前にちゃんとした憲法を用意しておく。

それは極論すれば、きのうまで使っていた〝暫定基本法〟でもいい。きょうから同じものを我々が選んだ憲法として使いますと言えばいいわけです。その中で、ただし皇室典範はきちっと直しますというようなことをすればいいと思うんです。

春木　石原慎太郎さんがそれをよく言っていますよね。

矢作　大日本帝国憲法（欽定憲法）に一回戻すということを、本当に日本国民にできるかどうかですよね。つまり、欽定憲法に戻すときに、次の憲法を決めておいて、それで変えていくということをしないと、欽定憲法で今いこうとすると、多分、意識的に無理があると思います。

春木　無理ですね。手続だけを欽定憲法にして、同時に新憲法をつくる。

矢作　多分それしかない。今のままだと変えられないですね。憲法をいじるだけでは。

天皇の御心をそれぞれの神社を通して実践していくのが神主の仕事

編集部　神主の方にとって、今の天皇陛下はどういう位置づけになっているんで

しょうか。

春木　神主というより、神主としての私の受け止め方ですが、天照大神様より御依頼を受けて、国づくりにお旅立ちになったニニギノ命、橿原《かしはら》の宮にご即位になった神武天皇様の「民に利益を与えるために、自ら正しい道を行いその心を広める」と、ご宣言になったその言葉の実践者が天皇です。

そういう意味で、神としての魂を国民に与え続けられる人格神として受け止めています。

天皇の御心をそれぞれの神社を通して実践していくのが神主です。

編集部　それはどの神主もそういうふうに思っていらっしゃいますか。

春木　そういうように思っていると思います。ですが、それぞれの経験が違うから、とらえ方が変わっていくわけです。人生はいろいろな経験によって判断の仕方が変わっていきますから。言葉にすればみんな一緒になります。

矢作　まさに裁量ですね。

春木　500人いたら500の神道があるということで、私は私なりの言葉で発します。それで聞く人によっては異見もあると思います。家族の中でも異見があり、私の言葉にハラハラしているのではないでしょうか（笑）。息子はよく勉強し、私と違った多くの知識をもっています。さらに神社神道の組織の中の中枢で動いていますから、よく勉強しています。

私は体系的に勉強していませんので、自分の経験と感覚でやります。お宮にいると、いろいろつながっていくんです。不思議にこのお宮でお祈りしているだけで、2000年前や3000年前とつながるんです。そのつながった感覚を話しているだけなんです。

矢作　そのほうがはるかに正しいですよね。正しいし、情報量が全く違うと思います。

「伊勢風土記」、出雲大社のご神体、「日向国風土記」——生きた歴史が幣立神宮に残されている！

春木　「伊勢風土記」を読んだとき、神話が歴史になり、わが国の創建のドラマがまぶたに浮かんできました。

伊勢の風土記に曰《いは》く
夫《そ》れ伊勢の国は天御中主尊《アメノミナカヌシノミコト》の十二世の孫《ひこ》
天日別命《あめのひわけのみこと》の平《ことむ》け治めたまひし所なり
天日別命は神倭磐余彦天皇《カムヤマトイワレヒコノスメラミコト》（神武天皇）の
彼の西宮《にしのみや》より此の東洲《ひむかしのくに》を征《う》ち給《たま》ひし時……（以下略）

わたしは彼の西宮という文字に釘付けになりました。神話が歴史になった瞬間でした。

阿蘇の神話に幣立神官のことが語られています。


阿蘇の神　健磐竜命《たけいわたつのみこと》は神武天皇の皇孫で九州を治めるために遣わされたが、宮崎にご滞在の時、神武天皇の崩御が伝わり、その地に天皇の御神霊をお祀りになり、阿蘇の国に向かわれた。

高千穂から草部に入られ、その場で何処に行ったらよいか神にお尋ねになったら、一羽の白鳥が幣立神宮へ案内した。

健磐竜命はこのお宮に御幣を立てて、天神地祇を祀られた。


一羽の白鳥がなぜ、幣立神宮に案内したのか、不思議な物語です。神武天皇の東国《ヤマト》への東征にあたり、幣立神宮のご神木（高千穂宮）の御前にて、報告の御祭の後、ご出発になります。

このご神木には旧11月8日、巻天天神祭が続けられ、由緒は大日霊尊《オオヒルメノミコト》（天照大神様）天岩戸より高天原日大宮（幣立神宮）に御帰還になり、御奉告の御祭りのあと、八百萬神等により「神としての御霊《みたま》は、高天原におとどまりくださいとの願いでご神木に天照大神の神霊をお鎮まりいただきました。

その後、天照大神様は皇孫ニニギノ命を国づくりのために派遣になります。これを天孫降臨と言います。このことは「日向国風土記《ひゅうがのくにの》」に詳しく記してあります。

このようなことから、神武天皇の下に一羽の白鳥が案内したのではないでしょうか。

このご神木こそが西宮ではなかろうか、と。西宮の文官が目に入ったとき、私に閃いたのは、このご神木でした。

おそらく、奈良や東京ではこのような結び付きは生まれてこないと思います。ここで暮らしているからこそ、全体が結ばってくるのです。

神武天皇と五瀬命がご出発になるときの、この場所が幣立神宮ではなく西宮であった可能性が非常に大きいのです。なぜなら「御孫健磐竜命が御幣を立てて天神地祇を祀られ、それより幣立神宮という」、というのが阿蘇の神話であるからです。

もう一つ注目すべきことは出雲大社のご神体の内、大国主命だけが西の方を向いてご鎮座になっていると伺っています。わが国のご神体は一般的に南向きか、東向きで、西の方を向いてご鎮座になるには、特別な理由があったのではなかろうか、と想像の糸が伸びてきました。まさに高天原である西宮を直視しておいでになるお姿であろう、と一本の糸が結ばってきました。

神道は祭りが全ての記録です。言葉として説明することを拒んできました。物言わぬ言葉が祭りです。

出雲大社にある大国主命（主祭神）

日向風土記「臼杵《うすきぬ》の郡《むら》の内・智鋪《ちほ》の郷《さと》」と中臣寿詞《なかとみのよごと》

春木　智鋪の郷の記録は天孫ニニギノ命が、高天原より高千穂の二上の峯《みね》に天降りになる、天孫降臨が語られています。高天原より二上の峯においでになったところ土地の人が、生活困窮のため、稲種がほしいと願い出られます。

そこでニニギノ命は種籾《たねもみ》を持って助けにおいでになることが書いてあります。これも高千穂の二上の峯と往来できる距離のところが高天原であることが容易に推測できます。

「智鋪の郷」は今では宮崎県と熊本県に分断されていますが、本来高千穂の一部と山都町の一部の九州のヘソと言われるところです。この地理の感覚がないと、この風土記を十分理解することができません。

古代のロマン溢れる豊穣の郷です。

平安時代の終わりごろ、天皇即位のときの祝詞があります。公開されたものですので、この中から歴史としての神話が見えてきました。

「中臣寿詞」と表題があります。

この中臣の寿詞を読ませていただいたとき、風土記「智鋪の郷」と結び付き、伝承として受けつがれてきた、神話が歴史となって浮かび上がってきました。

中臣壽言《なかとみのよごと》

現御神《あきつみかみ》と大八嶋國《おほやしまぐに》所知食《しろしめ》す大倭根子天皇《おほやまとねこすめらみこと》が御前《みまえ》に、天神乃壽詞《あまつかみのよごと》を稱辭定《たたへごとさだ》め奉《まつ》らくと申《まを》す。高天原《たかまのはら》に神留《かむづま》り坐《ま》す皇親神漏岐神漏美《すめむつかむろぎかむろみ》の命《みこと》を持《も》ちて、八百萬《やほよろづ》の神等《かむたち》を集《つど》へ賜《たま》ひて、皇孫尊《すめみまのみこと》は、高天原《たかまのはら》に事始《ことはじ》めて、豊葦《とよあし》原の瑞穂《みづほ》の國《くに》を安國《やすくに》と平《たひら》けく所知食《しろしめ》して、天都日嗣《あまつひつぎ》の天都高御座《あまつたかみくら》に御坐《おほまし》まして、天都御膳《あまつみけ》を長御膳《ながみけ》

――の遠御膳《とほみけ》と、千秋《ちあき》の五百秋《いほあき》に、瑞穂《みづほ》を平《たひら》けく安《やすら》けく、由庭《ゆには》に所知食《しろしめ》せと、事《こと》依《よさ》し奉《まつ》りて、天降《あまくだ》し坐《ま》しし後《のち》に、

これは天孫降臨のことを書いてあるわけです。

――中臣《なかとみ》の遠《とほ》つ祖天兒屋根命《おやあめのこやねのみこと》、皇御孫尊《すめみまのみこと》の御前《みまへ》に、仕《つか》へ奉《まつ》りて、天忍雲根神《あめのおしくもねのかみ》を天《あめ》の二上《ふたがみ》に上《のぼ》せ奉《まつ》りて、神漏岐神漏美命《かむろぎかむろみのみこと》の前《みまへ》に、

天の二上は風土記の「智鋪の郷」の天孫降臨で、幣立神宮から車で20分ほどのところで、そこから「神漏岐、神漏美の命の御前に受け給り申すに」とあります。

まさに幣立神宮なのです。

――受《う》け給《たまは》り申《まを》すに、皇御孫尊《すめみまのみこと》の御膳都水《みけつみづ》は、宇都志國《うつしくに》の水《みづ》に、天都水《あまつみづ》を加《くは》へて奉《たてまつ》らむと申《まを》せと、事教《ことをし》へ給《たま》ひしに依《よ》りて、天忍雲根神《あめのおしくもねのかみ》、天《あめ》の浮雲《うきぐも》に乗《の》りて、

——天《あめ》の二上《ふたがみ》に上《のぼ》り坐《ま》して、神漏岐《かむろぎ》神漏美命《かむろみのみこと》の前《みまへ》に申《まを》せば、天《あめ》の玉櫛《たまぐし》を事依《ことよさ》し奉《まつ》りて、此《こ》の玉櫛《たまぐし》を刺立《さした》て、

「玉櫛を刺立《さした》て」というのが幣立を指しているんです。刺し立てるというのは幣を立てたということ。

「……刺立て、夕日より朝日照るに至るまで」。この言葉が私は幣立を指すと思ったんです。なぜかというと、大嘗祭だからこれは秋です。11月23日（太陽暦にすると12月の末から1月の初め）の祭りのためですので、秋ごろになります。そうすると、西側の建物がないと考えると、真正面（西の方）から夕日が真っすぐに沈むんです。そして、真正面（東の方）から朝日が昇ってくるんです。だから「夕日より朝日の照るまで」というのがよくわかるんです。

　ここは分水嶺ですから、一番高いところになるわけです。どんな高い山よりも霊的にはここは高いんです。

夕日《ゆふひ》より朝日照《あさひて》るに至《いた》るまで、天都詔戸《あまつのりと》の太詔刀言《ふとのりとごと》を以《もち》て告《の》れ。如此《かく》告《の》らば、麻知《まち》は、弱韮《わかひる》に由都五百篁《ゆついほたかむら》生《お》ひ出《い》でむ。其の下より天の八井《ゐ》出でむ。此を持ちて、天都水《あまつみづ》と所聞食《きこしめ》せと、事依《ことよさ》し奉《まつ》りき。

と書いてあります。この下より出る水は東御手洗だと私は思っています。文章がつながっていくんです。ここの景色をそのままうたってあるんです。

如此依《かくよさ》し奉《まつ》りし任任《まにま》に、所聞食《きこしめ》す由庭《ゆには》の瑞穂《みづほ》、四國《よくに》の卜部等《うらべども》、太兆《ふとまに》の卜事《うらごと》を持《も》ちて仕《つか》へ奉《まつ》りて、悠紀《ゆき》に近江國《あふみのくに》の野洲《やす》、主基《すき》に丹波國《たにはのくに》の氷上《ひかみ》を斎《いは》ひ定《さだ》めて

悠紀と主基というのが、大事なんです。今の今上陛下の主基田は大分だったんです。主基田は西で、東は悠紀なんです。悠紀というのは、ずっと発展していくイメージなんです。だからもとの田んぼからずっと広がっていったのが悠紀田なんです。悠紀田は秋田県が選ばれました。

矢作　だから主基が西なわけですね。

春木　だからいつも西が中心なんです。

その主基に大分を決められたときに、大分の担当の県庁役員は、左翼から家に火をつけられました。それから、そのお宮も火をつけられ、それで大分で祈願祭ができなくなり、大分の代表者がお忍びでここにご祈願に来られました。何でここに来られたのかわかりませんけれど、ここ幣立神宮に今上陛下の大嘗祭ができるようにという神の思し召しによって、ご祈願に来られたと思っています。

そして、あとはお祭りにお供えするお供え物が書いてあるわけです。「祝いべの人たち、魚にこばしり、はいやき、かまきこり、あいづくり」とずっとお供えがあって、そして4～5行ぐらいあって、「大倭根子天皇（オオヤマトネコノスメラミコト）があまつみてのながみけのとうみけとしるにも、みにもあかにの穂にもきこしめして」。これはこれをいただくことが神ごとの一番ですから。「とよの明かりに明かりをましまして、天津神の」云々と書いて、「スメラガミカドに仕えまつる親王《ミコ》たち、王君《オオキミ》たち、諸臣百官人等《オミタチモモノツカサノヒトタチ》、天の下のよもの国のおおみたから、もろもろうごなわりて、みたべ、とうとびたべ、よろこびたべ、きき たべ、スメラガミカドにいかし世に八桑枝《ヤグワエ》のたちさかえ仕えまつるべき、ほぎたてごとをきこしめせ。かしこみかしこみ申したまわくと申す」

最後にはみんなで一緒にお祝いして食べましょうと。これも今の日本の天皇の伝統だから、この文からすると、天皇や皇族・役人に交えて百姓も一緒にと書いてあります。感動しましたね。近代社会になるまで百姓も共にというのが、世界のどこに見出せるでしょうか。まさに今日の民主的な考え方が古くから文明として存在していたことを物語っています。天皇と国民でつくった日本であることを証明している祝詞であります。

矢作　「民（おおみたから）」ですね。

春木　そうです。だから、絶対軽蔑してないんです。百姓は宝です。

後ろのほうに、「こうちの初めの年より始め」と書いてあります。こうちの初めの年は1140年です。76代の近衛天皇。これはネコノスメラミコトと書いてあるので、年代と照らして調べたら近衛天皇でした。そうしたら、ここに当てはまる。

この祝詞を見ただけで、私は感動しました。幣立神宮につながり、しかもお祭りのときの最後の百姓たちというところで、これが日本だなと思いました。

この祝詞も、この地で体験することで解釈ができるのです。私がここにいなかったら、これも素通りした史料だったと思います。

この当時の記録で地名についても、現在の地名が推定されるところが、いくつもあります。私は「神漏岐命の御前に」とは幣立神宮ですので、天二上が推定できたのです。

「ひふみ祝詞」――祈ることと働くことは一体、感謝とともに奉仕する姿が書かれている

春木　ひふみ祝詞もおもしろかった。
神主としてホヤホヤのころ、ひふみ祝詞に向き合いました。それに合わせてか、霊能者の女性がやってきました。御祈祷の後、挨拶を交わし向き合った途端「これはあなたの役割だ」と言って、半年の時間を使って、解釈をお願いしました。
神代文字を写して渡しました。半年の後見事な霊視の解釈が来ました。

矢作　はふりの神事の中にもありますよね。

春木　天照大神様の祈りの姿が浮かんできました。

ヒフミヨイムナ　天照大神様が人の前で祈りをしている
ヤコトモ　火を守り、人を守り、長い時間、幾世代をも過ごしてきた
チロラネシキル　天地《あめつち》のミコ、豊作の神に感謝して
ユヰツワヌソ　天候の神、海山の獲物の恵みに
ヲ　感謝し
タハ　父なる神、天なる神

クメカ　　　母なる神、地なる神
ウオエ　　　強大なる神々よ、万物、めくるめく神々よ
ニサ　　　　集まりたまえ
リヘテノマス　集われ祝われよ
アセエホレケ　あすに向かって栄よ

「巫女は火の神の御光をいただいて、人々を守り、幾世も過ごしてきた」（ヤコトモ）。巫女というのは、天照大神様と思ってもいいし、天皇と思ってもいい。

「人々は豊作の神に感謝し、海の幸、山の幸を、また天候の神に感謝していただいた（チロラネシキル　ユヰツワヌソ　ヲ）」と。

「天なる神、地なる神、兄弟姉妹なる神々よ、万物全ての神々よ、ここに集い、祝われよ（タハ　クメカ　ウオエ　ニサ　リヘテノマス）」。

「巫女は天地万物の神々に感謝し、人々があすに向かって栄えるよう祈り続けよ。巫女に守られし人々よ、天地万物の神の恵みに感謝し、額に汗して働こう」（ア

セエホレケ)。これがまたすばらしい。ここに集い、祈り、そして額に汗して働こうと言っているわけです。祈ることと働くことが一体なんです。

どこでも祈りによって神様からの恵みをいただきますけれど、日本は祈りと働くというのを一体にして、それが天皇陛下の稲作の奉仕になると思います。

編集部　海外だと、普通、偉い人は働きません。

春木　日本は偉い人から率先して働くのが文化なんです。ひふみ祝詞からそうなっています。そしてお祭りのとき、偉い人だけ集まるのではないんです。

祭りのあと、天皇と共に共食する直来《ナオライ》(共に食して祝う)は、それぞれの神社では天皇と共にあることをそれぞれの場で共感することでありましょう。祭りは社会も人間も精神的にも健康になるような気がするんです。それを政教分離とか言って、分断していったから今、大変なんです。

お祭りというのは、天皇と共にやっていると思えばいいんです。天皇に会いに行かなくていいんです。天皇の近くに行って、カメラでパチッとやるのは失礼ですよね。あれはすごく失礼です。神社においでになったときに、ご神殿の中を写そうとする人がいる。天皇陛下の前に行って、カメラを向けるのと一緒ですよ。そういう自覚がないので心がすさんでいきます。それ自体不健康なんです。人間の生き方の丁寧さとか、日本的な人格とか、それを身につけていくのが健康なんです。今、日本人は不健康に思えます。

反逆者さえも祀る日本の叡智を思い出そう
——全ては一つ

春木　「古事記」の序文、過去の時代に神道のはじめを発見しました。
これによると、自然があって、そこから神が生まれ、神と人の道をつくった。神と自然と人とが一体となった道が神道であり、その中から言葉も道徳も食べ物も生まれた。

これが神道の出発点であり、対立する一神教の神とは異なり和やかな自然道として受け継がれてきました。不思議なことに国家に反逆した人も神として祀ります。平将門・西郷隆盛等は言うに及ばず、忠臣蔵の四十七士も祀られています。

矢作　まさに全ては一つですね。

春木　私はそれだけでも、世界の中で日本は不思議な国だと思います。平将門を祀っているのに、今まで違和感を持たなかったでしょう。あの人は国家と戦かったんです。西郷隆盛も国家と戦争したんです。何で神社に祀るのか。とにかく、永遠の悪者、許すことのできない敵がいないのが日本なんです。だから八岐大蛇も敵じゃないんです。退治なんだから。

矢作　罪を憎んで人を憎まずですね。

春木　退治という言葉をよく覚えておいてください。退けて、治める。

矢作　鬼退治もそうですね。

春木　退治を、切り殺したと解釈するから真の意味が伝わらなくなってきます。

矢作　魂を取り込んだわけですね。

春木　神道の世界でも、和の文化の立場で古典等を見直していけたら西洋的思考の解釈や判断から日本らしい柔軟さに変化するのではないでしょうか。

【天孫降臨と稲作】

ニニギノミコト様は幣立神宮の西の湧水地・西御手洗の水をもってできた稲穂、また、稲作の技術と種籾《たねもみ》を持って、高千穂に御降臨されたのです。天孫降臨の使命の最も重要な一つは、この斎庭の穂をもって、新しい文化、稲作文化を広めることにあったのです。このことは、風土記逸文の日向《ひむか》国・知鋪《ちほ》郷（知保《ちほ》郷）の地名の由来に明記されています。

『「皇孫《すめみま》の尊《みこと》、尊の御手以《も》ちて、稲千穂を抜きて籾と為して、四方に投げ散らしたまはば、必ず開晴《あか》りなむ」とまをしき。時に、大鉗《おおつはら》等の奏ししが如、千穂の稲を搓《ても》みて籾《もみ》と為して、投げ散らしたまひければ、即ち、天開晴《そらあか》り、日月照り光《かがや》き。因《よ》りて高千穂の二上の峯と曰《い》ひき。後の人、改めて知鋪（知保）と號《なづ》く』

とあり、天孫降臨は稲作の普及にあったことは言うまでもありません。

また、後の人、改めて知鋪（知保）と名付けたということは、高千穂とは知鋪のことであり、幣立神宮を中心とした今の知保郷のことをいっているのです。知鋪郷は、蘇陽町《そようまち》、清和村（現・山都町）、五ケ瀬町、高森町の山東部を含む一帯のことです。

幣立神宮東御手洗のわきにある水田は、大嘗祭《だいじようさい》の由基田《ゆきでん》（悠紀田）の起こりとなっている日本の聖地である（写真：中谷航太郎）。

世のため、人のため、先祖の魂に喜んでいただく

第五章

日本人の自信を取り戻すために
——自己肯定、感謝の心、郷土を愛する心

春木　私たちに大切なことは、日本人の自信を取り戻すことです。これで全く世界が変わってきます。

今、日本人は自信喪失なんです。要するに、そういう教育をしてきたわけです。最初に話した、自分を好きになるような教育、国を好きになるような教育、そういうことをしていけば、自然と日本は変わっていきます。今は日本を嫌いになるような、社会を嫌いになるような、そして自分も嫌いになるような教育を続けてきている。

もっと一緒に喜べるような自己肯定感と感謝の心を持つ教育をしていかないと

自分を育てられません。取り戻すには、1日、2日じゃ難しいです。日本人が自信を持って、自分を愛し、家族を愛し、そして国を愛することができるような教育をしていかないと、私は永遠に国の勢いはつかないと思っています。

矢作　自分、あるいは自分を育んでくれた家、郷土を大切にということで、具体的なところとしては、文筆業だけだと限界があるので、塾みたいなものとか、あとはインターネットを通じて発信していかないといけないいかなと思っています。

人と人との直接の交流から新しい動きが生まれていく

春木　私たちの課題は、この思いをどう発信するかです。先生の存在は大きく、先生の呼びかけがあれば、全国から馳せ参じる者雲の如しと存じます。

月に1回程度の交流を始めれば、全国に活動分子が生まれます。先生は特別な世界的な人だから、そのことを自覚してもらわないと困ります（笑）。

子どもの自殺や、惨殺の話題が絶えません。この子どもたちに共通するのは自己肯定感がなく心のさまよいがあります。このような子どもに育てないため、何が必要か、自己肯定感を育むにはどうするか、真剣に向き合う時が来ています。私の中では、全国の神社の境内で少なくとも1日1回の機会を見て、発信し続けることが近道と考えています。

とにかく、先生のそばに寄ってきた人が一番力になります。そういう人でたくさん核をつくっていくことが、世の中を変えていくことになると思います。

私たちも最初ここで勉強会を始めたときは、会の名称を「和洲学林」としていました。和洲というのは、世界の五大州を和するような能力を持って活動できる人間になりましょうということです。

そして、だんだんと時が経って人がかわってきましたから、その次は徳を積み重ねることによって自分自身が神様からご褒美をいただけるような人間になろうということで、「人徳積算会」と改称しました。和洲学林の一つの活動母体です。徳を積み重ねる。その人格をもって世の中に貢献することが目的です。

矢作　不勉強で恐縮なんですが、人徳積算会は、今はどんな形になっているんですか。

春木　今は月に1回です。ここ1年半は、天皇について勉強しています。皆さん、天皇のことに関心を持ったことがない人ばかり集まったわけです。しかし、変化が大きいです。

編集部　矢作先生は具体的にこれから勉強会を開かれるご予定は。

矢作　今いろいろ考えています。

春木　大ごとにならないようにしないと続かない。先生のそばに行って、話を聞いて、一緒にご飯を食べるだけでいいというメンバーが集まったら始めるといいですよ。そうすると、先生の気持ちを受けてみんな行動するようになるんです。

つき合いができないと行動しない。昔から国士とか、国を変えるような大きな人たちは、みんなつき合いを大事にしたんです。

先生が始められると、多分、日本の一流どころが集まってきますから、その人たちの自覚を変えていく。その人たちにも責任を持っていただくようになると、そう遠からず日本が動き始めるような気がします。東大の先生2人だから、全然力が違うんですよ。

教育を変えるのも、教育界からは保守の方向に動いて一歩も動きません。政治家は、変えなきゃなりませんと言っても動かない。要するに、周りを固めてしまわないと政治家は動きません。安倍総理みたいに絶対安定なときに少しできるだけで。

安倍総理は、前のときに大きなことを2つされたんです。これはみんな余り意識にないんですけれど、1つは教育基本法を変えられ、これがすばらしいんです。その教育基本法をなし崩しにしようとしているのが今の教育界。今の教育基本法の精神を具体的な形にしていけば、日本人の子どもたちは変わっていきます。行政が動けるような環境をつくるのが私たちです。

矢作　やっぱり自分たちでやらないとしようがないですね。

春木　その通りです。まず行動力です。

交際費、接待費を見直そう
——やきもちが、街の明かりを消してしまった

春木　おととしごろから、私は交際費と接待費をもっと自由に使わせないと国はダメになると言ってきたんです。そうしたら、その本を書いた青森の人から本が届きました。交際費と接待費は国を救います。交際費と接待費は、シャッター街に光を取り戻します。不公平感からのやきもちが街の明かりを消しました。

矢作　悪平等の一つですね。

春木　お金はあるところから使っていただくのがよい。滞っているお金を使いやすくするルールが必要です。

交際費と接待費は、情報収集や営業のための経費です。中には悪い使い方をする人もいます。でも、それはただの犯罪なんです。それを取り出して、交際費や接待費がいけないみたいな社会をつくるやきもちが、世の中の活力を奪ったのです。

江戸時代は交際費と接待費で町が発展しものづくりの技術が高まりました。江戸の町というのはそうやって発展した。お宮には芸術的にもすばらしい絵馬やいろいろなものが奉納されています。商人や農家の裕福な人たちです。祭りの余興には桟敷《さじき》をめぐらし、そこを利用する人から高い席料をいただき、いろんな行事をすすめる原資となりました。この席料で地域の人に祭りをとおして神人交流の場がもたれました。

日本から本当の芸術家とか音楽家が育ちにくいのは、そういう人を育てるためのお金が使いにくくなったからです。じっくり育てるゆとりがなくなりました。やきもちをやくのを正義と思わないでほしい。みんなやきもちを正義だと思っているんです。そういう物の考え方の発想を少しずつ変えていかないと、教育も全て変化していかない。よく神主にあるまじき発言と言われますけれど（笑）。
お金を持っている人に金を使っていただかないとせっかくのものが消化不良になります。金を持っている人が金を使いやすくすると、それが生きてきます。

矢作　金は天下の回りものじゃないけれど、やはり回っているからこそ意味がある。流れがとまったらダメですよね。たんす貯金じゃないですけれど。

お金も能力も使ってこそ意味がある
——あの世に帰る前に存分に活用しよう

春木　お金も能力も何でも使わなければ死んでしまいます。人間の能力も使わないと枯れてしまいます。どんなに知識を持っていても、使わなかったらないのと同じです。

わが国は宝の持ち腐れです。欠点を探して修正しようとする世論づくりが気になります。前に進める宝探しに力点を置いたら活力に満ちた明るい国になると思います。中国は稼げる人から稼げばいい、この政策でアッという間に日本を追い越しました。わが国も有能な人にもっと門戸を広げたほうがよいのです。

稼げる人というのは、それだけの大きな仕事をしているわけです。トヨタの社長なんかその経験と能力で大いに発言してほしい。

矢作 そうですね。当たり前のことをちゃんと言ってもらいたいですね。

編集部 普通のお医者さんはただ肉体的な病気を治すけれど、いいお医者さんは国を治すというような言葉がありますが、矢作先生もそこを目指していらっしゃるんでしょうか。

矢作 いや、特にそういう格言を意識したわけではなくて、成り行き的にだんだん目の前に出てくる課題に取り組んでいます。ただそれだけなんです。

徳田虎雄さんも以前、「小医は病を癒し、中医は人を癒し、大医は国を癒し」とか言ったけれど、そんなに力を入れなくてもいいように思うんです。それは全部バラバラのものではなくて、一つでいいと思うんです。

編集部　矢作先生は、お医者さんというかたい職業であり、立場もあるのに、わりと自由に発言されています。

矢作　逆に、そういうふうによく言われるのが不思議なんです。

もちろん、ある程度、想像はしてみたりもするんですけれど、基本的には、ほかの人が自分はどこそこの誰という肩書を意識しながら生きているものなのかどうか、私にはよくわからないので答えに窮するんです。逆に、何でそこに問題意識を持つのかが自分では想像できないところがあります。今自分がいるところに、なぜいるのかということを深く考えるまでもなく、目の前の問題に当たっていればそれで十分な気がするんです。

社会的な見かけ上の役職というのは、あの世に帰るときには全く関係ない。全く評価基準が違いますので、最初からそういう意識も生じないんですよね。

春木　少し意識したらいいですよ。

矢作　もちろん、そういう面も要るんだろうとは思います。ただ、それをいい意味でとらえればいいんでしょうけれど、逆に、自分の行動の縛りにならないようにしたいと思うんです。

今の自分の立場というのは、あくまでも借り物なので、自分で獲得したものとは違いますよね。例えば、10メートルのところに上って、10メートルのところを見られたら、その10メートルに関して発信すればいいし、1000メートルだったら1000メートルでいい。それぐらいの感覚で自然に見えているものをやればいいと自分は感じています。

春木　一番上に行かれた人の話ですから（笑）。要するに、そういう場所に座っている人の話であって、座れるまではみんな努力するわけです。

先にも言いましたが、人間の目標というのは、そう大きなものはなかなか立てられないんです。大きな目標が立つ人は英雄になります。全然違った生き方をするんですね。私たちはみんな、一つずつ段階を踏みながら到達していって、到達してしまうとそれが当たり前になりますから、特別なものに感じられなくなるんです。

それぞれの場所、生き方で発信できるものを発信していく

春木　私は今のそれぞれの場所、それぞれの生き方で、発信できるものを最大限に発信する努力をしていかないと、世の中は変わっていかないと思っています。

だから、ほとんど毎日ここに座っているわけです。よそに行って発信するよりも、私はこの神様の前で話すことが世界に伝わっていくという、そういう思いで発信する。この場所を訪れていただいた方が、一つの発信源になって活動くださる。このようにして、一本足のカカシのような働きができたらいいなと思っています。

私のところは、うちの禰宜《ねぎ》と最初に会った人は、次にも禰宜に会いに来られるんです。要するに、それぞれがきちんと発信していくわけです。それが神道だと思っています。三人三様なんです。その中心に幣立神宮があるわけです。

そんなにしてお互いが自覚して仕事をやっていけば、発信力が非常に大きくなって、世の中を変えられるような気がしています。ここにおいでになる皆さんは、発信の責任があるわけです（笑）。

矢作　本当にそうですね。ご縁をちゃんと生かさないといけませんね。

春木　まとまってしようとしても無理でしょう。だから一人ひとりが自分の場所で発信する方法を考えていったらいいんです。

編集部　今、体を壊した人が病院に行っても、みんな同じように薬を出されて、同じように処理されているという感じです。医療の世界にも変わろうとする潮流や変化はあるのでしょう。

矢作　病気やけがの質によるでしょうね。つまり、急性期という言い方をするんですけれど、急に容態が変わるようなものに関しては、西洋医療というのはさらに機械による診断や治療の方法も進んで、目立って変わってくるでしょう。

けれど、逆に、慢性期、慢性病に関しては、今のでは苦しいところがいっぱいありますので、いろいろなアプローチになる。時間の問題として、必ず変わってくると思うんです。

編集部　慢性的な人だったら、むしろ神社とかに行ってお参りするぐらいのほうがいいのでしょうか？

矢作　これだけと決めずにね。例えば、病気一つとっても、いわゆる霊障とか、そういうようなことで起こっている場合もある。そういうところはちゃんとしましょうねというのは、医者であろうがなかろうが、人間であれば皆共通することだから言えばいい。あとはふだんの衣食住のところでしっかりすればいいところはすればいいしという中で、同時にやっていけばいいとは思うんですね。全てが一つなので。

先祖が喜ぶような人間になること、それこそが真の先祖供養

春木　最近、先祖供養が足りないから、ここに行ってこいと言われたと。こう言って訪ねて来られる方が多くなりました。

先祖供養が足りないのは、あなたが親に心配かけているからそういうことになります。親に心配かけないように、よく仕事をし、頑張れということでしょう。

先祖が喜ぶような人間になることが先祖供養の一番です。親やそれにつながる先祖は言うに及びませんが、国を支えてきた先人たち、すなわち国の歴史、文化を愛する心につながってくることが大きな先祖供養です。先祖というのは日本の歴史と共にあります。

編集部　神道では、生まれ変わりとか輪廻という発想を余り聞かないような感じがするんですが、その辺はもともとないというか、余りなじまないんでしょうか。

春木　神道は常に生まれ変わりです。生まれ変わるために祓《はら》いがあります。その人の生きた姿が永遠になるように清く明るく正直に生きることです。自分の生き方に永遠性を持つことが、永遠の蘇りで、まさに輪廻の思想でしょう。天照大神様は常にすがすがしく蘇り、永遠であります。その天照大神様を自分の内にいただくことが、自らを永遠にします。改めて生まれ変わらなくても、自分の存在が永遠に子孫にも伝わっていくような、よき生き方をすることが生まれ変わりそのものでしょう。

霊性とは人様のためにお役に立つこと

編集部　子どもや若い人から「霊性ってなあに？」と聞かれたときに、どういうふうにお話ししていただけるんでしょうか。

春木　私はみんな一貫しているんです。いずれ世の中に役立つような人間になっていく、そういうあなたの能力が霊性だと。しかし心がそれを邪魔するんです。心を一緒にそれに近づけていくように努力することが大事です。

とにかく基本的には世の中に役立つ人間になることなんです。役立っていく力が私は霊性だと思います。その具体的な形が人間の道徳性です。

編集部　霊性の中に道徳性や人間性が含まれるということですか。

春木　霊性の特性はその人の判断の形として表れます。高い霊性はその人の徳性として表面化していきます。霊・心・体のバランスということが話題になりましたが、心のありようが霊・体をコントロールします。まさに道徳性・人間性として表れます。

矢作　意識のもとになるものという認識なんですね。もともとそれはどういうふうなものかというと、やはり直感というか、内なる声に耳を傾けられれば聞こえてくるものと表現しているんです。

例えば、人の役に立つといった場合に、自利、利他で考えたときに、肉体を持っているがゆえに自分も食べ物を食べないといけないとか、服を着ないといけないとか、そういうようなことを超えて人にも何かをすることができるかどうか、この世界で試されていると思うんです。

本来、魂だけになっちゃえばそんなことは全く心配する必要もなくなる話なので。だから、霊性とは何かというと、本来の自分の個性とか意識、魂、何でもいいんですけれど、それがこの肉体をまとって足を引っ張られることに対して、それをどれだけ乗り越えて、本来のことをできるかだと思うんです。

道徳というのも霊性の中に入ると宮司様がおっしゃっているのはそのとおりで、要は道徳とは、自分を含めた人様のためによいと思ってすることなので、それは霊性の一つの表現型だと思うんです。そういうふうに考えると、肉体と本来の永続する自分というものをうまく理解できるのではないかなと感じています。

そうなれば、量子力学で言う超弦《げん》理論である程度類推されている次元の違う世界、高次元までを同時に理解できて、そこの中で自分がどういうふうに向上していくかもある程度、類推できるのではないかと考えています。

編集部 矢作先生が今後、勉強会を始められた場合に、やはりそういったことをベースにお話をなさるわけですか。

矢作 やり方はいろいろあると思うんですね。

一つは、なぜ歴史が重要かというと、歴史の中にそういうことが本来入っていたんです。例えば、天孫降臨一つとっても、仮に、宇宙から来たにせよ、この地上でほかから来たにせよ、あるいは多次元から出てきたにせよ、そこまでは神話でよろしいとおっしゃる意味はそこなんです。それを追求する必要は全然ない。ただ言えることは、ここに今、人間がいるということは、もとがあるはずなので、そこのところはある意味では神がかりでも何でもいいんですけれど、我々の一般常識を超えたものがあるということを思うことが重要だと思うんです。

そこからずっと連綿と続いている。その中にもいろいろな奇跡的なことがあるわけです。例えば、ジャンヌ・ダルクなんかは憑依《ひょうい》だったと思います。もうちょっと正確に言うと、悪い霊がついたという意味じゃなくて、高次元の意識体が彼女の体に同調して入ったのだと思います。それで意識が変わったのでしょう。

そういうようなことがなければ、逆にそういうことは起こらないだろうということを類推できないといけない。日本だっていくらもそういうことはあるわけです。だから歴史というのは、ある意味では霊性を知る手がかりとして一番手っ取り早いと考えているんです。事実として残っているわけですから。

魂の存在を認められない人に対して

編集部　矢作先生は、「電気や磁力だって見えないのに、魂の存在だけは認められないというのは、逆に不思議」という話をされています。しかし、まだ認めない人も多い。魂の存在に否定的な人たちに対しては、矢作先生はどういうアプローチをされますか。

矢作　人それぞれなので、こっちが強制したり、居丈高に物を言う必要は全くないと思うんです。

ただ素直に物を見たら、魂の存在を感じられる場面があると思います。例えば、ヴァン・クライバーンコンクールで優勝した盲目のピアニスト辻井伸行さんがピアノを弾くところはユーチューブでいくらでも見られますが、その瞬間を見たり、あるいは周りで演奏している人たちが彼を評する言葉を聞いたら、演奏する瞬間に全く違う人になる、普通の人間が出している音じゃないんだそうです。私は残念ながらそばで本物の音を聞いたことはないんですが、それはユーチューブぐらいでもうかがえます。

それをちょっと遡って、彼が2歳7カ月のときに、おもちゃのピアノを弾いている動画があるんです。お母さんの歌に合わせて、彼が両手の指を器用に使って弾いているところです。それを見たときに、2歳7カ月の子どもが、もし仮に肉体の脳というものだけで動いているとして、そんなことができるはずがないというふうに思えてしかたありません。

きっと彼は優れた音楽家の生まれ変わりなんだと思います。だから多分、音楽という才能を持って人が進化をするときの最終型なのではないかと思います。

目が見えないという中で。そういうふうなことを五感を働かせて感じられたら、きっとわかるのではないかと思います。六感まで働かせてとは言いませんけれど。

そこが曇っちゃうと、多分、こういう世界がこういうふうに見えないかもしれません。

春木　よくわかりました。

矢作　いや、普通のことなので、あえて言うのもどうかなと思いますが。

編集部　矢作先生は「人を見て法を説け」という言葉をよく使われますね。

矢作　そうなんです。どんなに真理だとしても、その人が気づくときがあるんだと思うんです。だからその本当のときまでは、どれだけ言っても気づかないし、アッと思って気づくときは、それこそ何も言わなくても気づくわけです。

チャクラと人間の能力の密接な関係

編集部　霊的なチャクラというのを、わかりやすく言うとどういうことなんでしょうか。

矢作　要は、肉体とか霊体とまとめて言っちゃうと、そのおのおのに古来いろいろな、インドのヴェーダや中国の仙道《せんどう》でも、共通しているエネルギーの通路の中継点のようなところがある。外からエネルギーを受ける、あるいはそこからエネルギーを出す、そういうセンターのようなものが、大きいものだけでも7つずつあるわけです。

　重なっているから分けて言うのもどうかと思いますけれど、普通の人は、肉体のほうのチャクラがそこそこあれば元気に生きている。それが小さくなれば病気になるわけです。

見えないほうの体のチャクラというのは、普通はほとんど開いてないんです。だけどそれが極端に開くと、例えば、4番のチャクラが開けば、外にエネルギーを出してエネルギーヒーリングができる。4番のチャクラが大きいのは、ヒーリングで有名なハリー・エドワーズみたいな人たちです。

7番が開けば高次元からの情報。だから量子力学の有名な方々は、皆7番が物すごく大きいです。またアインシュタインなんかもそうです。

5番が大きく開いている人は、人に物を言ったりしてエネルギーを伝える能力がすぐれている。例えば人をひきつける雄弁家なんかがそうなんですね。

3番のチャクラが開いている人だと、外からエネルギーを中に入れ込んで、中で浄化してしまう。例えば、芸術家とかヒーラーにそういう人たちがいます。

1番のチャクラが物すごく大きい人は、生命力に溢れている。政治家なんかに稀にいます。そういう能力が出てくると考えています。

「カルマヨガ」額に汗して日々働こう！
——修業の旅に出るよりも、目の前のことに集中しよう

編集部　後天的なトレーニングによってチャクラが開くことはあるのでしょうか。

矢作　肉体はいけるけれど、見えないほうの体はそんなに簡単なものじゃないですね。

春木　私にはよくわかりません。

編集部　神道は、ほかの宗教に比べて、難行苦行というのが余りなさそうなイメージですが。

春木　神道は日常の中に、清明心を実践することだと思います。日々神社とともにあることです。神主の水行とか滝行などは神にお仕えする前に身を清めるとい

う意味が大きい。

矢作　口を差し挟んで恐縮なんですが、だからやっぱり日々のこと、例えばお百姓さんだったらお米を一生懸命つくり、工場で働いている人だったら一生懸命汗を流して働く。その日々のカルマヨガが一番尊い。

例えば、佐藤義清《のりきよ》が泣いてせがむ子どもを縁側から突き落として、自分は出家した（西行法師になった）というのがあるでしょう。あの当時は、僧になることで多くの人を救っていたかもしれないので今の時代に単純には当てはめられないでしょうけれど、今だと、それはひとつの青い鳥症候群のように思います。つまり我々がやらないといけないことは、自分がどこかに行って修行すればいいというものではなくて、目の前にあることなんですよね。

春木　日常生活の中ですね。ひふみ祝詞の一番最後に、「ここに集い、祈り、そして額に汗して働こう」とある。私はそれが全てだと思っています。

矢作　結局、真理って、いろいろな民族や文化があるけれど、基本は一つですよね。

春木　そうです。祈るということは、自分の心を浄化していくこと、お浄めをすることだから、神社では祓い清めです。お掃除をしたり、人と心を交わらせたりすることです。額に汗して働くことが神事の中核です。

編集部　一人ひとりが本気になって目の前の仕事をやったら、ガラッと日本は変わるかもしれませんね。

春木　変わります。

編集部　結論としては、日々働けということでしょうか（笑）。

矢作　やっぱりそこだと思います。

あとがき

矢作先生と向き合っている内に、ヘブライ大学聖書学部長のシャロン・ポール氏との対話が思い出されました。

彼との出会いは日本とユダヤとの対話という企画に、日本側として案内を受けたことが始まりです。これは予期しない突然のことでしたが、企画の中心になっていた人が神社界の心ある方に折衝したが、良い返答をいただけなかったということで、私に声がかかったということです。ピンチヒッターみたいなものでしたが日本を理解する良い機会をいただきました。

ユダヤのほうからはシャロン・ポールほか天皇についての著書の多くを出版さ

れているベン・アミー・シロニー氏やわが国に馴染みの深いマービン・トケイヤー氏など世界的な学者揃いでした。世界中を回ってユダヤの言葉、モーゼのもう一つの教えが世界のどこに伝承されているかを探し求め、民族の真の姿を取り戻すことにあったことを強く感じました。

日本の神社や祭りの中に探し求めているものが沢山発見されると言っていました。その中の一つに幣立神宮の五色神祭に大きな関心を寄せていました。ユダヤの民の一部がここにたどり着いたのではないか、と。

1年後、シャロン・ポール氏が再び日本を訪れ、日本を知りたいということでした。私が案内をさせていただくことになり、日本の最も日本らしいところを2カ所案内することにしました。言葉の壁は長嶋亜希子夫人に埋めていただきました。この2カ所はわが国で最も近代的な神社明治神宮と最も古い幣立神宮です。

幣立神宮で玉串奉奠《ほうてん》の後、質問があると言いました。

「日本では道徳教育を熱心にしているように見えません。また宗教による教育もほとんど行われていないようですが、日本人は非常に道徳的です。なぜですか」

と、こういうことでした。

この質問は、それからの私の課題になりました。

彼が理解するのに十分な答えを準備できませんでした。

矢作先生とお話しさせていただいている内に、この答えが少しずつ見えてきたように思います。

天皇と共にある国の歴史が、道徳を実践する国民に育て上げたのではないでしょうか。この一言が出ないまま、他の言葉で説明しました。

明治天皇御製

あまてらす神のさずけし宝こそ動かぬ国のしずめなりけり
なるはいをたのしむ民の喜びはやがてもおのが喜びにして

最後に

私の神道観は神社界を代表するものではありません。日々のお勤めの中から教えていただいた体験によるものです。この本をお読みいただき感謝申し上げますと共に、これを機会にわが国の本当の姿をいっそう学んでいただき、御教示頂ければ大変うれしく感謝申し上げます。

春木伸哉

春木伸哉　はるき しんや
昭和12年８月１日生まれ。

昭和33年４月～平成10年３月、熊本県公立学校（小・中）勤務。平成２年４月から熊本県公立小・中の校長を務める。

平成11年、幣立神宮宮司に。

著書に『青年地球誕生』（春木秀映との共著、明窓出版）、『地球隠れ宮一万五千年のメッセージ』（江本勝氏との共著、ヒカルランド）

矢作直樹　やはぎ なおき
昭和31年、神奈川生まれ。東京大学医学部附属病院救急部・集中治療部部長。

昭和56年、金沢大学医学部を卒業後、麻酔科、救急・集中治療、内科の臨床医として勤務しながら、医療機器の開発に携わる。

平成11年、東京大学工学部精密機械工学科の教授に。

平成13年に同医学部救急医学分野教授、同大病院救急部・集中治療部部長に就任し、救急外来と集中治療を一手に担う責任者として活躍。

平成23年に『人は死なない』（バジリコ）を上梓しベストセラーに。

著書に『おかげさまで生きる』（幻冬舎）、『未来のための日本の処方箋』（秋山眞人氏との共著、JMA アソシエイツコスモ出版事業部）、『ありのままで生きる』（保江邦夫氏との共著、マキノ出版）などがある。

地球隠れ宮《幣立神宮》セッション

【祈り祀《まつ》る】この国の形

世界に《ここだけ》のものを伝え残していくために

第一刷　2015年4月30日

著者　春木伸哉
矢作直樹

発行人　石井健資
発行所　株式会社ヒカルランド
〒162-0821　東京都新宿区津久戸町3-11　TH1ビル6F
電話　03-6265-0852　ファックス　03-6265-0853
http://www.hikaruland.co.jp　info@hikaruland.co.jp
振替　00180-8-496587
本文・カバー・製本　中央精版印刷株式会社
DTP　株式会社キャップス
編集担当　小暮周吾

ISBN978-4-86471-267-5

神楽坂♥《ハート》散歩
ヒカルランドパーク

【祈り祀る】この国の形
刊行記念セミナー

講師：春木伸哉

[redacted]

春木伸哉宮司が本書の刊行を記念してお話してくださることになりました。毎日の祀りの間をぬって、熊本県から来京を快諾していただきました。

幣立神宮には、1万5000年の歴史をもち、世界人類の始まりとも言われる五色人の伝承や、神代文字が刻まれた石版などが伝わっています。宮司の朗らかな笑顔と柔らかい発想の話を聞いていると、心が洗われて神道の清々しい世界を体感できるかもしれません。めったに聞けない大チャンスです。日本書紀や古事記などが、神話ではない現実の歴史として身近に感じられることでしょう。

日時：2015年10月17日（土）　開場 12：30　開演 13：00　終了 15：00
料金：4,000円　会場＆申し込み：ヒカルランドパーク